Nathalie Schott

Was hüpft denn da durchs Gras?

Natur entdecken, spüren und erleben

Nathalie Schott

Was hüpft denn da durchs Gras?

Natur entdecken, spüren und erleben

FREIBURG · BASEL · WIEN

Dieses Buch widme ich meinem Sohn Samuel und allen anderen
Kindergartenkindern; außerdem auch allen Erzieher/innen,
die Kinder in die Natur begleiten und somit
Naturerlebnisse und Naturerfahrungen möglich machen.

Anmerkung des Verlags:
Bei einigen Texten war es trotz gründlicher Recherchen
nicht möglich, die Inhaber der Rechte ausfindig zu machen.
Honararansprüche bleiben bestehen.

© Verlag Herder GmbH, Freiburg im Breisgau 2008
Alle Rechte vorbehalten
www.herder.de

Umschlaggestaltung und -konzeption:
R·M·E München/Roland Eschlbeck, Rosemarie Kreuzer
Umschlagfoto: Hartmut W. Schmidt, Freiburg
Fotos im Innenteil: Privat
Illustrationen: Yo Rühmer, Frankfurt am Main
Geschichten: Eva Brandt, Freiburg
Layout: Reckels und Schneider-Reckels, Wiesbaden

Gesamtherstellung: fgb · freiburger graphische betriebe 2008
www.fgb.de

Gedruckt auf umweltfreundlichem, chlorfrei gebleichtem Papier
Printed in Germany

ISBN 978-3-451-32124-5

Inhalt

Naturpädagogik und Bildungspläne 7
    Was dieses Buch bietet 7
    Natur in den Bildungsplänen 8
    Was ist Naturpädagogik? 16

Naturpädagogik im Kindergarten 19
    Bildungsstätte Natur – Wie Kinder von der Natur lernen 19
    Naturpädagogische Dimensionen im Kindergarten 22

Naturpädagogisch aktiv 26
    Organisatorische Tipps für Aufenthalte in der Natur 26
    Aktivitäten 33
        Wald/Baum 35
        Boden 72
        Wasser/Bach 84
        Wiese 105
        Tipps zur inhaltlichen Umsetzung 129

Übersichten zu den Aktivitäten in der Natur 135

Blätter, Gräser, Tierspuren 138

Literatur 142

Naturpädagogik und Bildungspläne

Was dieses Buch bietet

Dieses Buch soll in erster Linie eine Hilfestellung sein, um den Themenbereich der „belebten Natur" im Kindergarten umzusetzen, wie dies die Bildungspläne vorsehen.

Im ersten Kapitel wird die Bedeutung der „belebten Natur" in den Bildungsplänen erläutert und die Naturpädagogik erklärt.

Im zweiten Kapitel wird aufgezeigt, was Kinder in der Natur lernen können und auf welche Art und Weise dieses Lernen im Kindergartenalter erfolgt. Dabei werden verschiedene Modelle der Umsetzung angesprochen, die sich v.a. in ihrem zeitlichen Umfang unterscheiden. Jeder Kindergarten kann diese Möglichkeiten überprüfen und ein geeignetes Modell auswählen.

Das umfangreiche dritte Kapitel (Naturpädagogisch aktiv), das neben allgemeinen Tipps zu naturpädagogischen Aufenthalten *72 Aktivitäten* vorstellt, bildet den Schwerpunkt des Buches. Die Aktivitäten sind den Bereichen Wald/Baum, Boden, Wasser und Wiese zugeordnet. Eine Übersicht zu Beginn jeder Aktivität verschafft einen Überblick; so kann die Entscheidung über die Eignung der Aktivität zügig getroffen werden. Anmerkungen zu den einzelnen Aktivitäten erleichtern die Durchführung. Es wurden bewusst Aktivitäten ausgewählt, für die nur wenig Material notwendig ist.

Natur in den Bildungsplänen

Bildung umfasst das Wissen und die Fähigkeiten der gesamten Persönlichkeit. Sie verbindet affektive, soziale, kognitive, motorische und kreative Kompetenzen zu einer individuellen Einheit (vgl. Rahmenplan Bremen, S. 8). Bildung kann somit überall stattfinden: jeder Raum, jeder Ort hat ein gewisses „Bildungspotential". Kinderbetreuungseinrichtungen haben die Möglichkeit entsprechende Räume und Orte zu nutzen bzw. sie entsprechend zu gestalten. Der Naturraum im Wald, auf der Wiese, am Teich oder Bach gehört zu den Orten, die Kinder anregen und zu neuen Erfahrungen herausfordern.

Soziale Kompetenzen und „Ich-Kompetenzen" (vgl. Berliner Bildungsprogramm, S. 27) werden durch regelmäßige Aufenthalte draußen besonders gestärkt. In der Kindheit spielen vielfältige Bewegungserfahrungen eine große Rolle. Die differenzierte Gestaltung von Naturräumen – wohlgemerkt: es ist nicht die Gestaltung von Menschenhand gemeint – ermöglicht es den Kindern, ihre Koordination beim Laufen, Klettern, Balancieren, Kneten, Sammeln etc. in der Natur weiter zu differenzieren (vgl. Orientierungsplan Baden-Württemberg, S. 49). Bei ihren Aufenthalten draußen können Kinder durch körperlich-sinnliche Erfahrungen das Vertrauen in die eigenen Kräfte vertiefen.

Kinder lernen besonders erfolgreich, wenn ihre Sinne hierbei vielseitig angesprochen werden. So sind sie in der Lage, auch komplexe Eindrücke aufzunehmen und zu verarbeiten. Das Berliner Bildungsprogramm von 2004 spricht hier auch von Bildung als „sinnliche Erkenntnistätigkeit". Insbesondere bis zum sechsten Lebensjahr bilden sich die sensorischen, visuellen und akustischen Wahrnehmungen nachhaltig aus. Eindrücke, die über Bewegungen und mit Hilfe der fünf Sinne gewonnen werden, führen zu anhaltenden Verknüpfungen der Nervenzellen im Gehirn (vgl. Hamburger Bildungsempfehlungen, S. 12). Da Naturräume alle Sinne ansprechen und zum Riechen, Staunen, Hören, Fühlen, Schmecken und Bewegung einladen, bieten sie beste Voraussetzungen für ganzheitliches Lernen.

Das Spüren und Tasten vielfältiger Oberflächenstrukturen im Wald (Fichtenzapfen, Moos, Steine, Baumrinde, Erde, ...) oder das Kneten unterschiedlich zusammengesetzter Erden ist bereits allererste Materialforschung, die zu Fragen und weiteren Untersuchungen anregt: Warum hält die Tonkugel besser zusammen als die Kugel aus (womöglich noch trockenem) Sand?

Kinder können in der Natur Naturkundliches direkt erfahren: einzelne Tiere, Pflanzen und deren Vielfalt kennen lernen, den Lauf der Jahreszeiten und die damit einhergehenden Veränderungen in der Natur wahrnehmen, einen Zugang finden zu Naturgesetzen, Wachstum, Wetter, zu den vier Elementen, ... Nicht zu unterschätzen sind Naturerfahrungen auch als Grundlagen für die Mathematik (Symmetrie, Zahlen, Muster, ...) – wie schon Galileo Galilei sagte: Die Natur ist in der Sprache der Mathematik geschrieben.

Die Natur ist also ein idealer Raum um folgende (und vermutlich auch noch einige andere) Fähigkeiten zu fördern:
- Bewegung
- Grob- und Feinmotorik
- Koordination und körperliche Geschicklichkeit
- Orientierung in Raum (und Zeit)
- Sinneswahrnehmung

- Naturkundliches Wissen
- Erfahrung von Naturmaterialien und ihren Eigenschaften

- körpereigene Abwehr durch frische Luft
- Positive Beziehung zur Natur

Tabelle 1 gibt einen exemplarischen Überblick über die Programme zur Förderung der Bildung und Erziehung in Kinderbetreuungseinrichtungen.

Naturpädagogik und Bildungspläne

Da die Bildungshoheit in Deutschland den Bundesländern zugeordnet ist, hat jedes Bundesland einen eigenen Plan zur Förderung der Bildung erarbeitet. Diese Programme haben unterschiedliche Namen bekommen. In der Mehrheit der Programme zur Bildungsförderung werden „Lernziele" für die Kinder formuliert. Diese sind in einigen Programmen verschiedenen Bereichen zugeordnet. Ein Teil dieser Ziele kann mit Hilfe der Naturpädagogik erreicht werden. In der folgenden Tabelle sind sie zitiert und zusammenfassend dargestellt. Zur leichteren Übersicht wurden die Ziele sortiert: Ziele, die die Stichworte „Natur", „Umwelt" o. ä. direkt erwähnen und weiterhin andere Ziele, die ebenfalls mit der Naturpädagogik gefördert werden können.

	Entsprechender Begriff im Bildungsplan	Ziele, die die Stichworte „Natur", „Umwelt" o. ä. direkt erwähnen	Andere Ziele
Baden-Württemberg Orientierungsplan für Bildung und Erziehung in Tageseinrichtungen für die baden-württembergischen Kindergärten – Pilotphase (2006) S. 73–85, 99-110	Bildungs- und Entwicklungsfeld: • Die Welt entdecken und verstehen: Natur und Umwelt	• Mitgefühl gegenüber Natur aneignen • Differenzieren der koordinativen Fähigkeiten in Naturräumen • Umgebung beobachten, Vermutungen aufstellen und überprüfen	• Verfeinern grobmotorischer Fertigkeiten • Differenzieren feinmotorischer Fertigkeiten • Orientierungs-, Gestaltungs- und Ausdrucksfähigkeit erfahren • bei Schuleintritt sollte sich ein Kind in einer fremden Umgebung orientieren können • Muster, Regeln, Symbole erkennen

	Entsprechender Begriff im Bildungsplan	Ziele, die die Stichworte „Natur", „Umwelt" o. ä. direkt erwähnen	Andere Ziele
Bayern Der Bayerische Bildungs- und Erziehungsplan für Kinder in Tageseinrichtungen bis zur Einschulung (2006) S. 272 – 308	Themenbezogene Bildungs- und Erziehungsbereiche: • Naturwissenschaften und Technik • Umwelt	• Kurz- und längerfristige Veränderungen in der Natur beobachten, vergleichen, beschreiben, mit ihnen vertraut werden • Verschiedene Naturmaterialien kennen lernen • Vorgänge in der Umwelt bewusst beobachten; sich mit diesen auseinandersetzen • Natürliche Lebensbedingungen von Tieren kennen lernen • Nutz- und Schutzfunktion des Ökosystems Wald kennen lernen • Umwelt mit allen Sinnen erfahren; als unersetzlich und verletzlich wahrnehmen • „Naturbegegnung" • Praktischer Umweltschutz	• Sich in Zeit und Raum orientieren
Berlin Das Berliner Bildungsprogramm für die Bildung, Erziehung und Betreuung von Kindern in Tageseinrichtungen bis zu ihrem Schuleintritt (2004) S. 99 – 107	Bildungsbereich: • Naturwissenschaftliche und technische Grunderfahrungen	• Tiere und Pflanzen pflegen • Anderen Kindern Erkundungswege vorschlagen • Bemerken, wie natürliche Elemente miteinander in Verbindung stehen • Ökologisches Grundverständnis für die Welt entwickeln • Grundbegriffe von Naturerscheinungen entwickeln und richtig anwenden • Kenntnisse über gesunde Umwelt und ökologische Kreisläufe	• Körperliche Geschicktheit und Koordinationsvermögen erhalten • Sich den Witterungsverhältnissen entsprechend kleiden • Beschaffenheit von Materialien kennen lernen, Unterschiede erfahren zwischen weich-hart, starr-biegsam... • Grundverständnis dafür entwickeln, dass die eigenen Erkenntnisse in der Erkundung mit anderen sich erweitern oder revidiert werden müssen

	Entsprechender Begriff im Bildungsplan	Ziele, die die Stichworte „Natur", „Umwelt" o. ä. direkt erwähnen	Andere Ziele
Hamburg Hamburger Bildungsempfehlungen für die Bildung und Erziehung von Kindern in Tageseinrichtungen (2005) S. 65 – 71	Bildungsbereich: <ul><li>mathematische, naturwissenschaftliche und technische Grunderfahrungen</li></ul>	<ul><li>Freude haben, Tiere und Pflanzen zu pflegen</li><li>Die Umwelt als eine Quelle für vielfältige Erfahrungen erleben und genießen</li><li>Verantwortung für natürliche Umwelt übernehmen</li><li>Naturerscheinungen erkennen und beschreiben</li><li>Grundelemente (Feuer, Erde, Wasser, Luft) und ihre Bedeutung für das Leben kennen</li><li>Wissen über Pflanzen- und Tierarten</li><li>Wechsel von Jahreszeiten und Wetterphänomenen kennen</li><li>Wechsel von Tag und Nacht begreifen</li><li>Differenziert wahrnehmen und dabei alle Sinne einsetzen</li><li>Begriffe bilden und verwenden zu Ähnlichkeiten und Unterschieden bei Tieren und Pflanzen</li><li>Tiere oder Pflanzen ordnen/ systematisieren</li><li>Natur und Technik Analogien (z. B. Klette/Klettverschluss)</li><li>Die natürliche Umwelt als reiches Feld von Entdeckungen erleben, Fundstücke sammeln und sortieren/ausstellen</li></ul>	<ul><li>„Sich der eigenen Kräfte bewusst werden"</li><li>Körperliche Geschicklichkeit: balancieren, springen, hoch und herab klettern</li><li>Sich den Witterungsverhältnissen entsprechend kleiden</li><li>„das Staunen genießen"</li><li>Aufmerksamkeit und Sinne schärfen</li></ul>

	Entsprechender Begriff im Bildungsplan	Ziele, die die Stichworte „Natur", „Umwelt" o. ä. direkt erwähnen	Andere Ziele
Hessen Bildung von Anfang an – Bildungs- und Erziehungsplan für Kinder von 0 bis 10 Jahren (2005) S. 82 – 83; 91 - 93	Naturwissenschaften, Umwelt	• Vorgänge in der Umwelt genau beobachten und Fragen daraus ableiten • Systematisches Beobachten, Vergleichen, … • Sich mit Unterschieden zwischen Natur und Technik auseinandersetzen • Umwelt mit allen Sinnen wahrnehmen • Vorstellung über Artenvielfalt im Pflanzenreich vermitteln • Lebensbedingungen unterschiedlicher Tiere (möglichst im natürlichen Lebensraum) kennen lernen • Nutz- und Schutzfunktion des Waldes kennen lernen • Naturmaterialien kennen lernen • Naturvorgänge bewusst erleben (z.B. Säen und Beobachten) • Verantwortung für Umwelt übernehmen • Kenntnisse über Eigenschaften von Wasser • Grundverständnis über u. a. ökologische Einflüsse auf Zustand unserer Umwelt und Lebensbedingungen erwerben • Einsicht über ökologische Zusammenhänge erwerben	• Bewegungserfahrungen sammeln; motorische und koordinative Fähigkeiten entwickeln

	Entsprechender Begriff im Bildungsplan	Ziele, die die Stichworte „Natur", „Umwelt" o. ä. direkt erwähnen	Andere Ziele
Niedersachsen Orientierungsplan für Bildung und Erziehung im Elementarbereich niedersächsischer Tageseinrichtungen für Kinder (2005) S. 28 – 31	Lernbereich und Erfahrungsfeld: • Natur und Lebenswelt	• Natur mit allen Sinnen erleben • Umgang mit Elementen Feuer, Erde, Wasser, Luft möglich machen • Exkursionen in Wald und Feld • die Natur im Zusammenhang – als Lebensraum von Pflanzen und Tieren – kennen lernen • Beim Bauen, Gestalten und Konstruieren mit natürlichen Materialien lernen Kinder Eigenschaften elementarer Kräfte und Einzigartigkeit natürlicher Formen kennen • Naturbegegnungen sprechen die Emotionen an • Vorbild der Erwachsenen im achtsamen Umgang mit Natur	• Vielfältige Bewegungserfahrungen • Förderung der körperlichen Geschicklichkeit • Kreative Gestaltung des Raumerlebens führt zur Auseinandersetzung mit den Eigenschaften verschiedener Körper

	Entsprechender Begriff im Bildungsplan	Ziele, die die Stichworte „Natur", „Umwelt" o. ä. direkt erwähnen	Andere Ziele
Nordrhein-Westfalen Bildungsvereinbarung NRW – Fundament stärken und erfolgreich starten (2003) S. 20 – 22	Bildungsbereich: <ul><li>Natur und kulturelle Umwelt(en)</li></ul>	<ul><li>Im Außengelände machen Kinder Erfahrung mit natürlichen Formen: Tiere und Pflanzen, Mineralien, Metalle, Holz, Erde, Sand, Wasser</li><li>Naturbegegnung intensiviert Gefühle der Kinder</li><li>Natur ist Anregung für alle Sinne</li><li>Natur ist Nahrung für Fantasie; Kinder lernen mit „Unfertigem" zu hantieren</li><li>In Natur können Kinder visuelle, akustische, körperliche, atmosphärische und emotionale Infos gleichzeitig aufnehmen</li></ul>	<ul><li>Gelegenheit für Kinder schaffen zum Klettern, Steigen, … Herunter Springen</li><li>Expeditionen ins Unbekannte lassen Kinder mehr verstehen als von Erwachsenen veranstaltete Experimente</li></ul>
Thüringen Leitlinien frühkindlicher Bildung (2004)	Kein entsprechender Bereich explizit erwähnt	<ul><li>Kind erhält vielfältige Gelegenheiten zu grob- und feinmotorischen Aktivitäten (Kind bekommt u. a. in der natürlichen Umwelt die Möglichkeit, seine Körpererfahrungen zu differenzieren)</li><li>Es werden den Kindern u. a. ansprechende Materialien aus der Natur angeboten.</li><li>Tagesablauf bietet Kindern Gelegenheit sich mit Themen aus dem Bereich ‚Naturwissen' zu beschäftigen</li></ul>	

Was ist Naturpädagogik?

„Naturpädagogik" oder „Umweltpädagogik": beide Begriffe wurden in den letzten Jahren häufig synonym verwendet, obwohl sie sich in entscheidenden Nuancen unterscheiden. Beide Begriffe sollen zum besseren Verständnis kurz erläutert werden:

Die *Umweltpädagogik* möchte den Menschen über die ihn umgebende Welt, seine „Umwelt" informieren. Mit Hilfe der Umweltpädagogik wird Naturkundliches vermittelt, Zusammenhänge in Ökosystemen und auch der Einfluss des Menschen auf seine Umwelt werden aufgezeigt (Energieverbrauch, Müllproduktion, Wasserverschmutzung, ...). Ziel der Umweltpädagogik ist es, den Menschen über seinen Einfluss auf die Natur aufzuklären und zu umweltbewusstem Handeln zu bewegen.

Die *Naturpädagogik* vermittelt ebenso wie die Umweltpädagogik Naturkunde und Wissenswertes über Ökosysteme. Der Fokus liegt aber hier auf einer unmittelbaren Begegnung mit der Natur und einer ganzheitlichen Pädagogik, bei der vielfältige Methoden zum Einsatz kommen. Naturpädagogik ermöglicht direkte Erfahrungen in und mit der Natur. Das daraus entstandene Lernen ist ein Lernen mit Herz, Kopf und Hand. Ziel der Naturpädagogik ist in erster Linie, die Beziehung des Menschen zur Natur zu fördern oder wiederherzustellen. Der Mensch wird als Teil der Natur und nicht als „Gegenüber" einer umgebenden „Um-welt" gesehen. Daraus resultiert ein respektvolles Verhältnis des Menschen zur Natur, das letztendlich auch das menschliche Handeln beeinflussen wird.

Beide Richtungen lassen sich in der Theorie klar durch ihre unterschiedlichen Ziele trennen; in der Praxis lassen sie sich manchmal schwierig voneinander abgrenzen, da hier z.T. die gleichen Methoden eingesetzt werden.

Insbesondere im Kindergartenalter ist das Lernen ein Lernen auf der Basis von Beziehungen (Kinder lernen am besten in angenehmer Atmosphäre von Personen, zu denen eine gewisse Bindung besteht). Dies lässt sich auf die Natur übertragen: Am meisten lernen Kinder (und übrigens auch viele Erwachsene) von der Natur, wenn eine Beziehung zu einer Pflanze, einem Tier oder einem Ort in der Natur entstanden ist. Diese Beziehung entsteht durch den regelmäßigen Aufenthalt in der Natur und die damit verbundene direkte Naturerfahrung, durch Beobachten der Strömungen eines Baches, Ertasten eines Baumstammes, Erforschung eines Baumstumpfes, Beobachtung der Lebensweise einer Schnecke, Erkundung der naturräumlichen Umgebung, … Der Einsatz vielfältiger Methoden in der Naturpädagogik ermöglicht ein Lernen mit den Händen und allen Sinnen, welches Kindergartenkinder optimal in ihrer Wahrnehmung und ihrem Lernen fördert.

Folgende Methoden können Bestandteile der Naturpädagogik sein:
- Sinnesübungen/Wahrnehmungsübungen
- Forschendes Lernen
- Verarbeiten von Wildpflanzen zum Verzehr
- Herstellen von Heilkräuterprodukten
- Spielerische und theoretische Vermittlung von Naturkunde
- Informationsweitergabe über die Natur
- Bauen/Werken in der Natur; Bauen/Werken mit Naturmaterialien
- Künstlerische Aktivitäten in der Natur
- Geräusche/Rhythmen/Musik mit Natur-„instrumenten"
- Leben unter einfachen Bedingungen in der Natur: z. B. Feuer machen, draußen übernachten
- Mythen, Märchen und Geschichten

All dies spricht dafür, die Naturpädagogik und das Lernen in der Natur im Kindergartenalter einzusetzen, um die Kinder zu fördern und die Bildungspläne der Länder in die Tat umzusetzen. Die Naturpädagogik kann ein Beitrag zur frühen Bildung und für nachhaltige Entwicklung sein.

Gegenüberstellung Natur- / Umweltpädagogik

	Umweltpädagogik	Naturpädagogik
Ziel	Nachhaltiges Verhalten des Menschen	Beziehung Mensch-Natur knüpfen bzw. stärken Begegnung mit Natur ermöglichen
Menschenbild	Der Mensch als „Gegenüber" der umgebenden Um-welt	Der Mensch als Teil der Natur
Lernen	Nicht festgelegt	Ganzheitlich mit Herz, Hand, Kopf
Lernort	Nicht an einen Naturraum gebunden; kann auch in geschlossenen Räumen stattfinden	Direkt in der Natur
Themen	Naturkunde, Energie, Müll, Wasser …	Naturerfahrung – Naturkunde
Methoden	Auch hier wird oft, aber nicht zwangsläufig - eine Methodenvielfalt eingesetzt; dies liegt in der Hand der jeweiligen Pädagogen/Vermittler	Methodenvielfalt, z.B. (größtenteils spielerische) Vermittlung von Naturkunde, Sinneswahrnehmung, Handwerkliches Arbeiten mit Naturmaterial, direkte Naturerfahrung - Aufenthalt in der Natur, Kochen mit Wildpflanzen/-kräutern, Mythen und Geschichten …

Naturpädagogik im Kindergarten

Bildungsstätte Natur – Wie Kinder von der Natur lernen

Im ersten Kapitel wurde bereits geschildert, was Kinder in und von der Natur lernen können; hier geht es speziell darum, wie sich naturpädagogisches Lernen in der Altersgruppe der ca. 3–6-Jährigen vollzieht.

Ganzheitliches Lernen

Kinder im Kindergartenalter lernen ganzheitlich am besten: „Wahrnehmung und Tätigkeit gehen Hand in Hand" (vgl. Rahmenplan Bremen, 2004, S. 10). Der Sinn des Wortes „Be-Greifen" wird hier besonders deutlich. Ein Kind, das etwas mit den Händen ge-griffen hat, wird es auch besser be-greifen/verstehen. Die enge Verknüpfung von Wahrnehmung mit Bewegung und Sprache ist nicht zuletzt Grundlage für die Ausdifferenzierung der Hirnfunktionen (vgl. Bildungs- und Erziehungsempfehlungen Rheinland-Pfalz, S. 21). Die kindliche Wahrnehmung der Natur mit den Sinnen schafft eine Beziehung zur Natur, die bereits die erste wesentliche Grundlage für das effektive Lernen über die Natur ist.

Staunen und Forschen

Aristoteles soll gesagt haben: „Der Beginn aller Wissenschaften ist das Erstaunen, dass die Dinge so sind, wie sie sind." Dies beschreibt sehr treffend das Lernen von Kindern. Donata Elschenbroich spricht auch von „Kontemplation", einer Art des Lernens: die Strömungen am Bach, das Schneeflockengewimmel oder den Wolkenzug am Himmel, die Schnecke auf dem Weg zu bestaunen bzw. zu beobachten (vgl. ELSCHENBROICH, S. 22).

Kinder, die gerne beobachten und ausprobieren, finden in der Natur viele Anlässe, diese zu erforschen, sich mit den Naturgesetzen auseinander zu setzen. Kinder stellen immer wieder „empirische Untersuchungen" an, um ihren Fragen auf den Grund zu gehen: „Was passiert mit dem Laub, das ich in die Luft werfe? Wohin wird es vom Wind geblasen? Bleibt die Eichel auf der abgerundeten Oberfläche des Baumstammes wirklich nicht liegen? Ist das Geräusch des Stockschlages auf einen zweiten Stock anders, als wenn ich auf einen Stein schlage?"

Erklärungen von Erwachsenen reichen Kindern oft nicht; sie wollen selbst die Dinge prüfen und nachempfinden (vgl. ELSCHENBROICH, S. 17). So erlernen die Kinder erste Grundlagen der Naturwissenschaften. Das, was sie in früher Kindheit direkt erfühlen/erfahren, bleibt in tiefer Erinnerung für später.

Sammeln und Ordnen

„Der Zugang zur Natur und ihrer (Er-)kenntnis erfolgt nicht auf analytisch erklärendem Weg, sondern auf der Ebene des Sammelns, Betrachtens, Umgehens, Ausprobierens; ..." (vgl. Bildungsvereinbarung NRW, S. 20).

Kinder, die Blätter und Blüten sammeln und diese nach ihren Formen ordnen und vergleichen, suchen nach eindeutigen Merkmalen und Unterschieden. Damit tun sie das, was der Botaniker Carl v. Linné im 18. Jh. schon getan hat und worauf noch heute ein Großteil der botanischen Systematik beruht. Beim Vergleichen und Sortieren können Kinder ein Verständnis für Begriffe wie kurz, lang, rund, spitz, ... entwickeln. „Ordnen kann als grundlegende Stufe der mathematischen Bildung aufgefasst werden" (vgl. Sächsischer Bildungsplan, S. 3). Naturerfahrung ist also auch in diesem Sinne eine wertvolle Basis zur Förderung der Kinder.

Bewegung

Der Wald lädt ein zu vielfältigen Bewegungserfahrungen: Die Entwicklung motorischer Fähigkeiten geht einher mit der Ausbildung sämtlicher Hirnfunktionen (vgl. Bildungsplan Rheinland-Pfalz, S. 24). Daher sind Balancieren, Klettern, Hangeln, das Sammeln kleinster Steinchen oder Samen, Kneten von Erde und vieles mehr ideal, um die Grob- und Feinmotorik der Kinder, sowie ihre Selbstwahrnehmung – ganz ohne „künstliche" Spielsachen – zu schulen.

Entfaltung

Trotz der immensen Vielfalt ist der Lernraum Natur nicht überfüllt mit zu vielen Eindrücken auf engstem Raum. Eine natürliche Umgebung kann einem einzelnen Kind viele Entfaltungsmöglichkeiten geben. Häufig wird beobachtet, dass hyperaktive Kinder in Naturräumen gar nicht oder weniger auffallen als in Kindergartenräumen.

Unterstützung durch Erwachsene

Erwachsene können Kinder unterstützen, in dem sie ihnen Raum (zeitlich und örtlich) geben: Räume, die selbstständige Erfahrungen in der Natur ermöglichen, Fragen zulassen und die die daraus entstehenden „Experimente" gestatten.
Wer Rituale zur Begrüßung und Verabschiedung eines Naturplatzes, eines Baumes, ... einsetzt, vermittelt das Bild der Natur als Partner und fördert die Wertschätzung der Kinder gegenüber der Natur.
Das Angebot von Spielen zur Sinneswahrnehmung regt die Kinder an, verstärkt ihre Sinne einzusetzen. Spiele, die naturkundliche Gegebenheiten aufgreifen, veranschaulichen und vertiefen die gemachten Naturerfahrungen zusätzlich.

Naturpädagogische Dimensionen im Kindergarten

Nahezu jedes Kindergartenkonzept bietet die Möglichkeit mit den Kindern nach draußen zu gehen und ihnen direkt in der Natur Erfahrungen, Erlebnisse und Lernprozesse zu ermöglichen. Die Umsetzung kann je nach Voraussetzung und Rahmenbedingungen unterschiedlich aussehen. Ein Kindergarten, der direkt am Wald liegt, hat natürlich andere Möglichkeiten als eine Einrichtung, die mitten in der Stadt liegt – fern vom nächsten natürlichen oder naturnahen Platz. In den folgenden Abschnitten werden unterschiedliche Konzepte vorgestellt: von der „Natur im Kindergarten" bis zum „Waldkindergarten". Platz für Natur gibt es immer: jedes Erzieherinnenteam wählt den für die Einrichtung passenden Rahmen.

Natur im Kindergarten

Auch im Kindergarten selbst lassen sich Naturerfahrungen machen: Beim Umgang mit Naturmaterialien erfahren die Kinder deren Beschaffenheit, spüren unterschiedliche Oberflächenstrukturen und Formen, die durch künstliche Spielsachen kaum ersetzt werden können. Die Unterschiedlichkeit von Steinen unterscheidet sich stark von einheitlich glatten und rechtwinkligen Bausteinen. So wird der taktile Erfahrungsschatz der Kinder stark erweitert.

Naturmaterialien können von den Kinder selbst draußen gesammelt und drinnen „verarbeitet" werden: z. B. kann eine große Sammlung von Kastanien, Steinen, Erlenfrüchten, Fichtenzapfen ... für Fühlkästen eingesetzt werden, ein kleines Planschbecken kann zum Kastanienbad werden und auch das klassische Basteln mit Naturmaterialien bietet den Kindern wichtige taktile Erfahrungen, die die Feinmotorik schulen.

Natur im Kindergarten eignet sich wunderbar, um draußen Erlebtes zu ergänzen und zu vertiefen; es sollte die direkte Begegnung mit der Natur aber nicht ausnahmslos ersetzen.

Mancher Kindergarten hat das Glück über ein natürliches oder naturnahes Außengelände zu verfügen, so dass sich die Natur ohne viel Aufwand vor der Haustür erleben lässt: In diesem Fall bietet es sich an, den Kindern zuerst diesen Naturraum (z. B. einen dort stehenden Baum) näher zu bringen. Anschließend wird der Radius vergrößert und weitere Naturerfahrungen an anderen Orten lassen sich daran anschließen.

Natur- oder Waldtage

Natur- oder Waldtage können in jedem Regelkindergarten angeboten werden. Ein regelmäßiges mehrstündiges Angebot – ein wöchentlicher oder monatlicher Waldtag – hat den Vorteil, dass dies durch die eintretende Routine verhältnismäßig einfach zu organisieren ist. Die Dauer kann an die Betreuungszeit angepasst werden.
Ist der nächste geeignete Platz zu Fuß erreichbar, kann mit den Kindern gemeinsam vom Kindergarten aus gestartet werden. Bei größeren Entfernungen, die nicht von den Kindern selbst bewältigt werden können, kann mit den Eltern vereinbart werden, die Kinder direkt zu einem Sammelplatz am Waldrand zu bringen bzw. dort abzuholen. Fehlt aufgrund der großen Entfernung die Möglichkeit, mit der Kindergruppe selbstständig zurückzukehren, sind ein Unterstand und ein paar trockene Wechselkleider bei unsicherer Wetterlage sehr hilfreich.
Es ist sinnvoll, über eine längere Zeitperiode immer wieder den gleichen Platz zu besuchen, damit die Kinder diesen Platz intensiv kennen lernen, und Veränderungen durch Wetter oder innerhalb der Jahreszeiten wahrnehmen können. Ideen, Motive, die an diesem Tag in der Natur eine Rolle spielen, können aufgegriffen und zu einem Thema weiter entwickelt werden, das den Kindergartenalltag noch eine Weile begleitet.

Natur- oder Waldwochen

Eine Alternative oder Ergänzung zu regelmäßigen Naturtagen ist eine Naturwoche innerhalb des Jahres (natürlich auch öfter sinnvoll): Der Kindergarten wird also für eine ganze Woche nach draußen verlegt.
Vorraussetzung hierfür ist, dass für jedes Kind bei Bedarf Matschhosen

und Regenjacken vorhanden sind bzw. im Winter die Kinder ausreichend warm gekleidet sind.
Die Natur- bzw. Waldwoche ermöglicht den Kindern (und Erzieherinnen) ein noch intensiveres Eintauchen in den Ort. Dadurch wird die Natur den Kindern sehr viel vertrauter als an nur einem Tag. Hier können wertvolle Beziehungen zur Natur entstehen.
Eine gute Möglichkeit, den Wandel der Natur im Jahreslauf zu erleben, ist es, zu jeder Jahreszeit eine Jahreszeitenwoche am selben Ort durchzuführen.

Natur- oder Waldprojekte

Auch im Themenbereich Natur bietet es sich an, zeitlich begrenzte Projekte durchzuführen. Der Zeitraum kann beliebig gewählt werden. Ein Thema wird auf vielen unterschiedlichen Ebenen mit verschiedenen Methoden angeboten. Durch die Methodenvielfalt ist die Wahrscheinlichkeit sehr hoch, für jedes Kind eine Zugangsmöglichkeit zu finden. Als Thema kann z. B. ein Lebensraum wie der Wald, aber auch ein einzelnes Tier oder Pflanze, ... gewählt werden.
Innerhalb des Projektzeitraumes werden regelmäßig Naturaufenthalte eingeplant und auch drinnen kann einiges erarbeitet werden. Durch die Verknüpfung von Aktivitäten draußen und drinnen können die Kinder die Vielseitigkeit der Natur kennen lernen (Natur als Lebensraum; Pflanzen, die als Nahrung zubereitet werden, ...). Das Lernen im Projekt ist ein intensives Lernen auf zahlreichen Ebenen.

Natur- oder Waldkindergarten

An vielen Orten gibt es Natur- und Waldkindergärten: Der Kindergartenraum ist der Wald und hat evtl. einen einfachen Schutzraum, Bauwagen o. ä. als Unterschlupf bei Kälte/Regen.
Die Konzepte der Naturkindergärten sind so verschieden wie die Konzepte anderer Kindergärten auch. Die Puristen beschränken das Spiel und die

Angebote auf das, was die Natur bietet (selbst Material wie Scheren, Stifte o. ä. wird in diesen Kindergärten nicht zur Verfügung gestellt). Es gibt aber auch zahlreiche Einrichtungen, in denen Tätigkeiten wie Malen, Basteln u. ä. angeboten werden. Auch gekocht wird in manchen Waldkindergärten – sogar auf dem offenen Feuer!

Klassische Lern- (und Erziehungs-)konzepte sind hier nicht ausgeschlossen, wenn auch der Schwerpunkt der Natur- und Waldkindergärten auf den Aktivitäten in natürlicher Umgebung liegt.

# Naturpädagogisch aktiv

Nun wird es praktisch: Auf den folgenden Seiten finden sich wertvolle Hinweise für Aufenthalte in der Natur; diese sind gegliedert in Sicherheitsaspekte und Checklisten für den Aufenthalt draußen (davor, während des Aufenthaltes und danach). Anschließend folgt eine Palette naturpädagogischer Aktivitäten, die mit den Kindern durchgeführt werden können – nach Ökosystemen geordnet. Der praktische Teil schließt mit methodischen und didaktischen Tipps.

Organisatorische Tipps für Aufenthalte in der Natur

Hier finden Sie zunächst die Tipps für Natur- und Waldtage: Was muss vorbereitet und beachtet werden?

Sicherheitsaspekte

Viele Eltern und Erzieherinnen machen sich Gedanken über die Risiken, die der Aufenthalt in der Natur, insbesondere im Wald, mit sich bringt. Die Risiken können unter Beachtung weniger Punkte sehr deutlich minimiert werden!

 Sturm: Im Wald und unter Bäumen besteht Gefahr durch herab fallende Äste. An stürmischen Tagen also lieber auf die Wiese – nicht am Waldrand – gehen.

Gewitter: Man sollte eine sichere Unterkunft nicht verlassen. Gerät man unterwegs in ein Gewitter, gilt es offene Flächen (also Wiesen und Felder) zu meiden – insbesondere dort stehende einzelne Bäume. Um offene Flächen zu umgehen, also lieber einen Weg durch den

Wald nehmen, in dem der Mensch nicht selbst der höchste Punkt ist und zum Blitzableiter werden kann.

 Zecken: Diese nur wenige Millimeter großen Spinnentiere können Überträger der beiden Krankheiten Borreliose und FSME (Frühsommermeningoencephalitis) sein. Eine Ansteckung mit der Borreliose lässt sich prophylaktisch nicht verhindern, ihr Verlauf kann aber mit einer frühzeitigen ärztlichen Behandlung in den Griff bekommen werden. Gegen FSME gibt es einen Impfstoff. Der Hausarzt kann informieren, unter welchen Umständen eine Impfung angebracht ist.
In jedem Fall ist es sinnvoll, sich vor den kleinen Tieren so gut als möglich zu schützen:
Geschlossene Schuhe und lange Kleidung an Armen und Beinen sorgen für wenig Angriffsfläche: Wenn die Hose in die Socken gestopft werden, ist es auch für eine Zecke viel schwieriger, an die Haut zu gelangen. Eine Kopfbedeckung ist ein zusätzlicher Schutz.
Inzwischen gibt es auch Insektenschutzmittel (für Kinder), die einen wirksamen Schutz vor Zecken versprechen.
Zecken halten sich übrigens am liebsten an Gräsern und krautigen Pflanzen auf; dies bedeutet, dass sich die meisten Zecken auf Wiesen befinden und ebenfalls im krautigen Unterholz im Wald. Sie klettern kaum in hohe Sträucher und Bäume.
Wenn sich doch eine Zecke festsaugt, sollte sie so bald wie möglich entfernt werden (damit sinkt das Risiko evtl. Krankheitsübertragung). Unter KEINEN Umständen sollte die Zecke mit Öl, Uhu o. ä. bedeckt werden!
Haben es die Eltern erlaubt und traut sich eine Erzieherin dies zu, kann sie selbst die Zecke durch Zug mit der Pinzette (ganz unten ansetzen) entfernen. Eine so genannte Zeckenzange, die in jeder Apotheke erhältlich ist, erleichtert das Entfernen. Die Einstichstelle sollte desinfiziert und mit einem Kugelschreiberstrich umkreist werden, um diese für die Eltern kenntlich zu machen.
Da die Kinder eines Kindergartens in aller Regel nach kurzer Zeit wieder bei den Eltern sind, ist es auch ausreichend, die Eltern bei der Übergabe des Kindes auf die Zecke hinzuweisen; die Eltern können dann selbst entscheiden, wie sie weiter vorgehen möchten. Sollte damit zu rechnen sein,

dass die Zecke noch viele weitere Stunden in der Haut bleibt, kann man auch bei einem Arzt die Zecke entfernen lassen.

Am besten werden die Eltern darauf hingewiesen, das Kind gleich nach dem Aufenthalt auf Wiesen und in Wäldern nach Zecken abzusuchen.

Fuchsbandwurm: Dies ist ein Parasit, der normalerweise den Fuchs und seine Beutetiere befällt. Eier dieses Parasiten befinden sich auf Pflanzenteilen und überall dort, wo ein Fuchs seinen Darm entleert. Auch Katzen und Hunde, die draußen unterwegs sind, können zum Überträger werden. Die Eier sind mit dem bloßen Auge nicht sichtbar und so leicht, dass sie vom Wind verweht werden können. Theoretisch können sich diese Eier also überall in Wald, Wiese, Gärten ... befinden. Geraten die Eier in den menschlichen Darm, kann u.a. die Leber befallen und krebsartig zerstört werden. Das Risiko, dass dies passiert, lässt sich nur schwer einschätzen, da sich kaum nachweisen lässt, woher die wenigen bisher erkrankten Menschen den Fuchsbandwurm haben.

Wer auf Nummer sicher gehen möchte, erhitzt die Pflanzen aus Wald und Wiese über 70° Grad, denn damit werden die Eier komplett zerstört: Wer aus Beeren Marmelade und Kräutern Suppe kocht, schließt das Risiko also ganz aus, ohne auf natürlichen Genuss zu verzichten!

Giftpflanzen: Am besten sollen Kinder gar nichts in den Mund stecken, was nicht hundertprozentig als ungiftig bekannt ist – weder Pilze noch Beeren, Blüten oder Blätter. Zudem ist das Infektionsrisiko in Sachen Fuchsbandwurm auch hier zu berücksichtigen. Wer sich gut auskennt, kann den Kindern aber durchaus zeigen, was – entsprechend gereinigt bzw. erhitzt – essbar ist und was nicht.

Wenn doch mal was im Mund landet und nicht klar ist, ob es giftig ist: den Notarzt unter 112 anrufen oder die Giftnotrufzentrale (die steht im Örtlichen Telefonbuch; die Nummer sollte man am besten schon vorher notieren). Die Pflanze und evtl. schon Erbrochenes aufheben und mit ins Krankenhaus bringen. Dem Kind außerdem viel zu trinken geben (am besten verdünnten Fruchtsaft oder lauwarmes Wasser).

Planungsaspekte

Auch die Vorbereitung, Durchführung und Nachbereitung eines Aufenthaltes in der Natur sollten sorgsam geplant sein, damit alle Beteiligten ein schönes und möglichst ungetrübtes Naturerlebnis haben können.

Vorbereitungen

Vor einem Ausflug in die Natur gibt es ein paar wenige Dinge zu bedenken, die zum besseren Gelingen des Aufenthaltes draußen beitragen:
- ✓ Einen geeigneten Platz auswählen und den Weg dorthin abgehen: Ideal ist ein Platz, dessen Grenzen für die Kinder gut wahrnehmbar und überschaubar sind. Ist ein so abgegrenzter Platz schwer zu finden, kann man auch die Grenzen im Vorfeld durch farbige Bänder an den Bäumen markieren. Zusätzlich sollten die Kinder gleich zu Beginn auf die Grenzen, innerhalb derer sie sich aufhalten dürfen, aufmerksam gemacht werden.
  Lieber immer wieder denselben Platz aufsuchen als häufig zu wechseln. So werden die Kinder mit dem Ort vertraut, können eine Beziehung zum Platz und zur Natur dort aufbauen und erleben die tages- und jahreszeitlichen Unterschiede bewusster.
- ✓ Besonders bei regelmäßigem Aufenthalt an einem Waldplatz, ist es ratsam, den Förster zu kontaktieren und um Erlaubnis zu fragen. Der Förster gibt in der Regel gerne Tipps, wo es etwas Interessantes zu sehen gibt, sicher auch Hinweise dazu, wo man sich mit der Kindergruppe möglichst nicht aufhalten sollte. Vielleicht hat er sogar Zeit, der Kindergruppe einmal persönlich die Besonderheiten „seines" Waldes zu zeigen.
  In einem Natur- oder Landschaftsschutzgebiet gelten besondere Regeln, die beachtet werden müssen – am besten beim zuständigen Förster nachfragen.
  Für einen ständigen Waldkindergarten muss auf alle Fälle eine Genehmigung eingeholt werden.
- ✓ Bevor es los geht, sollte man eine ausreichende Betreuung sicher stellen – zwei Betreuungspersonen müssen immer dabei sein, damit eine

Person (in Notfällen) die Gruppe verlassen kann, während eine weitere bei der Gruppe bleibt. Man sollte daran denken, dass die vier schützenden Wände fehlen und evtl. mehr Betreuung notwendig ist als in den bekannten Räumen.

Sollte es schwierig sein, genügend Personal einzusetzen, besteht auch die Möglichkeit, Eltern um Begleitung zu bitten.

- ✓ Bei feuchten Wetterlagen und bei Aufenthalten am Bach sollten ein paar Garnituren Ersatzkleidung eingepackt werden. Nehmen Sie auch einige Plastiktüten mit, die können die Füße bei nassen Schuhen warm halten: Die Kinder ziehen über die (zur Not auch nassen) Socken eine Plastiktüte und schlupfen mit der Tüte in die Schuhe – das hat sich bewährt.
- ✓ Wenn ein Feuer geplant ist: für den Verbrennungsfall vorsorgen (kaltes Wasser, Coolpack mit Tuch)
- ✓ Informieren Sie vor einem Naturtag die Eltern – bei regelmäßigen Aufenthalten reicht auch die Information „wir gehen jeden Donnerstag" in den Wald und evtl. eine einmalige Auskunft darüber, was den Kindern mitgegeben werden sollte, wie sie angezogen sein sollten u. ä.
- ✓ Was auf keinen Fall unterwegs fehlen sollte:
  - Erste-Hilfe-Set (und die Kenntnis, es einzusetzen)
  - Handy
  - Evtl. warmes Wasser in der Thermoskanne zum Händewaschen s. u.

Während des Aufenthaltes

- ✓ Den Kindern gleich zu Beginn die Grenzen des Platzes zeigen.
- ✓ Darauf achten, dass die Kinder weder Pflanzen noch Pilze essen und dies den Kindern im Vorfeld erklären. Wenn solche Pflanzen bekannt sind: die Kinder darauf hinweisen, dass diese nur von Mäusen/Vögeln gegessen werden können und wir Menschen (auch wir Erwachsene) davon schlimmes Bauchweh kriegen.
- ✓ Feuer zu machen schafft eine besondere Atmosphäre – insbesondere im Winter kann man sich bei längerem Aufenthalt wunderbar daran wärmen, grillen oder eine Suppe darauf kochen. Es sollten nur offizielle Feuerstellen genutzt und das Feuer bzw. die Kinder entsprechend

beaufsichtigt werden: Der richtige, vorsichtige Umgang mit Feuer kann bereits in der frühen Kindheit erlernt werden.
- ✓ Hände waschen vor dem Essen: Die Erzieherinnen können handwarmes Wasser in der Thermoskanne mitnehmen (im Sommer tut es auch das kalte Wasser eines Brunnens). Mit einem Schuss Wasser können die Kinderhände etwas abgerieben und anschließend mit einem kleinen Handtuch getrocknet werden. So erlernen die Kinder ganz unmittelbar hygienisches Verhalten.
- ✓ Kleine und große „Geschäfte" sollten etwas abseits stattfinden – an einem Ort, den die Kinder im Spiel nicht aufsuchen.

 Nach dem Aufenthalt
- ✓ Die Erzieherinnen sollen die Eltern darauf hinweisen, ihr Kind nach Zecken abzusuchen; falls schon eine Zecke entdeckt wurde, sollte man den Eltern die (mit Kugelschreiber markierte) Stelle zeigen. (vgl. Seite „Sicherheitsaspekte").

Ausrüstungsaspekte

Schließlich ist es auch nicht unerheblich, mit welcher Ausrüstung ein Aufenthalt in der Natur durchgeführt wird.

Kleidung: Die Auswahl muss natürlich im Hinblick darauf erfolgen, ob Kälte-, Regen- und/oder Sonnenschutz erforderlich sind. Wechselkleidung kann entweder jedes Kind mitnehmen oder die Leitung sorgt vor und hat ein paar Garnituren dabei – je nachdem wie lang der Ausflug und wie weit die Gruppe von der „Basisstation" entfernt ist. In der Nähe von Bächen sollte auch bei Schönwetter Wechselkleidung mitgenommen werden! Der beste Zeckenschutz ist eine leichte Ganzkörperbedeckung inkl. einer Kopfbedeckung! Wer die Hose in die Socken stopft, ist gut gerüstet. Die Erwachsenen sollten mit gutem Beispiel voran gehen.

Sitzen: Bei häufigen Ausflügen lohnt sich für die Einrichtung die Anschaffung günstiger Sitzunterlagen (evtl. kann eine Isomatte aus Schaumstoff in kleine Stücke geschnitten werden). Bei kurzen Wegen können die Kinder auch selbst ein kleines (Sofa-) Kissen – schmutzsicher verpackt in zwei Plastiktüten – mitbringen.

Proviant: Da kein Müll im Wald bleiben soll, ist es ratsam (und ökologisch sinnvoll), Nahrungsmittel in einer kleinen Dose ohne Verpackungsmüll mitzunehmen. Da Bananenschalen sehr langsam in unserem Klima verrotten, sollten auch diese wieder mit nach Hause genommen werden oder von vornherein zu Hause bleiben.

Getränke: Eine Getränkeflasche sollte jedes Kind dabei haben – insbesondere an heißen Tagen! Vorsicht: Auch die Reste süßer Getränke an Kindermündern locken manche Wespen!
Im Winter kann warmer Tee in der Thermoskanne mit Bechern für alle Kinder mitgenommen werden. Wer heißen Tee mitnimmt, kann ihn mit kaltem Wasser in den Bechern auf Trinktemperatur mischen. Ein warmer Kinderpunsch ist natürlich auch sehr lecker!

Händewaschen: Warmes Wasser aus der Thermoskanne und ein mitgebrachtes Handtuch eignen sich ideal zum Händewaschen unterwegs.

Winter: Im Winter ist es besonders wichtig, auf warme (und trockene) Kleidung zu achten – bitten Sie die Eltern eindringlich, ihre Kinder entsprechend auszurüsten! Der kindliche Körper gibt über den Kopf besonders viel Wärme ab. Deshalb ist die Mütze einem Stirnband unbedingt vorzuziehen.
Wer lange im Schnee spielt bekommt schnell nasse Füße. Dies sollte im Winter immer wieder bedacht werden. Ein Fuß mit trockener Socke und kleiner Plastiktüte darüber hält selbst im nassen Schuh noch etwas Wärme …

Aktivitäten

Nachfolgende Ideen stellen eine Sammlung unterschiedlicher Aktivitäten bzw. Spiele dar, die mit Kindern zwischen drei und sechs Jahren durchgeführt werden können. Sie sind – um eine grobe Übersicht zu erhalten – Lebensräumen zugeordnet. Sortiert nach den Ökosystemen Wald/Baum, Boden, Wasser/Bach und Wiese lässt sich leicht eine zum aufgesuchten Naturraum passende Aktivität auswählen. Viele der Aktivitäten sind auch zu anderen als den vorgeschlagenen Themen geeignet – manchmal kann schon eine Namensänderung des Spieles einen neuen inhaltlichen Schwerpunkt schaffen. Die Ordnung soll lediglich das Finden von Aktivitäten erleichtern und ist auf Grund der Vielschichtigkeit des Ökosystems nicht immer eindeutig. Die Reihenfolge der Vorschläge hat nichts mit einer bestimmten Reihenfolge in der Durchführung zu tun.

Themenbedingt finden die allermeisten Aktivitäten im Freien statt. Vereinzelt lassen sich die Erfahrungen in den vier Wänden des Kindergartens methodisch aufgreifen und weiter vertiefen. Bereits Bekanntes wie Lieder, Geschichten, Reime, Basteleien, Fingerspiele und Bewegungsspiele zu den entsprechenden Themen sind ideale Ergänzungen der Aktivitäten draußen.

Viele Spielideen eignen sich zur Kombination mit anderen; Hinweise darauf finden sich bei der jeweiligen Spielidee.
Ein gezielter Einsatz der Aktivitäten spielt eine große Rolle für das Gelingen. Je jünger die Kinder sind, umso wichtiger ist es, die Aktivitäten nur vereinzelt oder als Impuls einzusetzen, damit das Lern- und Erfahrungspotential einer Aktivität voll ausgeschöpft werden kann und die eigenen Erfahrungen im Naturraum nicht zu kurz kommen. Die Erfahrungen der Kinder im Freispiel schaffen einen besonders fruchtbaren Boden für weiteres Wissen. Am Ende des Kapitels finden sich weitere Tipps zur Auswahl der Spielideen und zur praktischen Umsetzung.

Natur sollte zu jeder Jahreszeit erfahren werden. So können die Kinder die Jahreszeiten und deren Besonderheiten kennen lernen. Um die Aktivitäten zur Thematik „Winter" schneller auffinden zu können, wurde ein Teil der Aktivitäten mit Schneeflocken gekennzeichnet. Diese Aktivitäten behandeln winterspezifische Inhalte. Viele der anderen Aktivitäten lassen sich jedoch ebenfalls im Winter durchführen.

Jede Spielaktivität wird mit einem Textkasten zur Übersicht eingeleitet, der einen schnellen gezielten Überblick ermöglicht (Rubriken, die bei einem Angebot nicht erwähnt werden, sind hier auch nicht relevant).

Aktionsidee:	beschreibt den inhaltlichen Grundzug der Aktivität/des Spiels
Ziel:	beschreibt, welche Kompetenz besonders gefördert wird
Aktionscharakter:	beschreibt den Charakter z. B. Sinnliche Wahrnehmung, Erforschend, Bewegungsspiel o. ä.
Ort:	sollten ein Baum, Bach oder sonstige Anforderungen an den Ort für die Durchführung notwendig sein, ist dies hier vermerkt
Material:	Material, das zur Durchführung mitgebracht werden muss
Zeitdauer:	viele der Aktivitäten lassen sich je nach Gruppengröße, aber besonders auch nach Interesse der Kinder ausdehnen (hier kann also variiert werden); in der Regel ist eine Zeitspanne angegeben, die mindestens benötigt wird
Sonstige Voraussetzungen:	z. B. bestimmte Jahreszeit, inhaltliche Vorbereitung, ... die Anzahl der Kinder ist in den meisten Fällen beliebig; wenn nicht, wird dies hier angegeben
Kombination:	die beschriebene Aktion kann an andere Aktionen anschließen oder diesen vorausgehen; auf besonders passende Kombinationen wird hingewiesen – ein fehlender Hinweis bedeutet nicht, dass keine Kombination möglich ist (s. o.), sondern lässt die Kombination offen

Wald/Baum

Worum es geht

Es geht einerseits um eine bestimmte Sorte von Pflanzen, nämlich die Bäume, andererseits auch um ein ganzes Ökosystem, den Wald.

Bäume haben im Unterschied zu den krautigen Pflanzen einen festen Stamm und eine Krone mit Blättern bzw. Nadeln. Mit den Wurzeln findet der Baum Halt im Boden und nimmt das Wasser auf. Im Stamm steigt das Wasser nach oben. Die Rinde schützt den Baumstamm vor Frost, tierischen Eindringlingen oder Pilzen, vor Sonnenbrand und Feuchtigkeit. In der Baumkrone befinden sich die Blätter, die das Wasser je nach Sonneneinstrahlung verdunsten und den Baum mit Energie versorgen. Dabei entsteht auch Sauerstoff als „Abfallprodukt".

Durch das Jahr hindurch verändert sich ein Baum: Im Frühjahr sprießen Blätter und Blüten aus Knospen. Im Sommer verändert sich die Intensität des Grüns. Im Herbst verliert der Laubbaum seine Blätter und viele Bäume werfen ihre Samen und Früchte ab, aus denen im neuen Jahr wieder neue Bäumchen entstehen können. Im Winter sind die Laubbäume kahl und nur an ihren Zweigen und Stämmen zu erkennen.

Die Bäume haben ein unterschiedliches Aussehen. Blätter und Rinde sind charakteristisch für die jeweilige Baumart.

Ein Baum und insbesondere der Wald ist auch Lebensraum für Tiere, die im Wald leben, ihre Behausung dort bauen, sich von Pflanzen und ihren Früchten oder von anderen dort lebenden Tieren ernähren. Wie die Bäume auch, passen sich die Tiere an die Jahreszeiten an.

Im Wald ist es oft ruhiger als in einer Ortschaft. Zudem findet sich im Wald eine Vielfalt an Material und „natürlichem Spielzeug" wie Zweige, Steine, Erde, Blätter … Der Wald bietet eine Fülle an „kulturfremden" Eindrücken und lädt zum Verweilen ebenso wie zur Bewegung ein.

Was wichtig ist

Kinder lernen mit allen Sinnen. Der Wald vermittelt eine solche Vielfalt an Eindrücken in ruhiger Atmosphäre, so dass die Sinneswahrnehmung hier besonders angesprochen wird. Daher sollten den Kindern immer wieder Aufenthalte im Wald ermöglicht werden. Da der Wald zum Klettern, Balancieren, Steigen, aber auch zum Sammeln kleiner und großer Gegenstände einlädt, werden die Kinder dadurch regelrecht zu neuen motorischen und taktilen Erfahrungen aufgefordert.

Durch das Möglichmachen ganzheitlicher Wahrnehmung im Wald wird ein erster Zugang zu naturkundlichen Sachverhalten geschaffen: Die Unterschiede und Besonderheiten der Bäume sollten für die Kinder sichtbar werden. Begriffe wie Wurzel, Stamm, Rinde, Blätter und Baumkrone, Frucht sollen die Kinder kennen lernen und erfahren, was sich dahinter verbirgt.

Die Kinder sollen erkennen, dass sich Bäume in ihren Blättern bzw. Nadeln sowie in ihrer Rinde unterscheiden. Sie sollen begreifen, dass aus einer Frucht nur eine bestimmte Baumart wachsen kann und den Prozess des Keimens erleben.

Sehr wichtig ist es für Kinder, die unterschiedlichen Jahreszeiten und deren naturkundliche Besonderheiten (im Wald) kennen zu lernen. Dies ist am besten zu vermitteln, wenn auch die Kälte des Winters von den Kindern draußen erfahren werden kann; sie erfahren hierbei nicht zuletzt, wie sie sich mit der richtigen Kleidung schützen können.

Was man machen kann

Da der Wald eine so große Vielfalt an motorischen Herausforderungen bietet, sollte den Kindern im Wald auch Zeit und Raum gegeben werden, damit sie diese Möglichkeit zur freien Bewegung wahrnehmen und nutzen. Ein Impuls für wenig bewegungsfreudige Kinder, aber auch für alle anderen sehr spannend ist eine *Schatzsuche* (s. S. 44f.).

Neben der Vermittlung naturkundlicher Inhalte sollte den Kindern die Möglichkeit gegeben werden, sich den Wald auf eigene Faust – sozusagen mit Händen und Füßen – zu erschließen. In Zeiten, in denen das Freie Spiel schwer fällt, können den Kindern konkrete Aktivitäten vorgeschlagen werden, die der eigenen Kreativität noch genügend Raum lassen (z. B. *Wichtelwohnungen bauen*, s. S. 42 ff.).

Wie das Sammeln und Sortieren die Kinderaugen für Unterschiede der Blätter öffnet, so tut dies auch das Erspüren der Rinde. Aktivitäten, bei denen die Sinne intensiv angesprochen werden, wecken die Begeisterung, Neues zu entdecken und Unterschiede zu erkennen.

Bei praktischen Erfahrungen lernen die Kinder spielerisch Naturkundliches: Die Komponenten Wurzel, Stamm und Krone werden den Kindern z. B. durch das Angebot *„Unser Baum"* (S. 46) klarer, beim *„Baumtelefon"* (S. 51) können sie die Wasserleitungen in den Bäumen „hören" und *„Wie kommt das Wasser in die Tüte?"* (S. 52) veranschaulicht die Verdunstung der Blätter.

Grundsätzlich kann jedes Spiel, bei dem die Kinder mit Materialien aus dem Wald bzw. von Bäumen konfrontiert werden, als Türöffner genutzt werden, um Naturkundliches über die jeweiligen Gegenstände zu vermitteln.

Im Winter sind besondere Erfahrungen in der Natur und im Wald möglich. Die Spiele, die mit der Schneeflocke gekennzeichnet sind, heben diese Erfahrungsmöglichkeiten der Natur im Winter gesondert hervor. Warm eingepackt in mehrere Kleidungsschichten können die Kinder der Kälte begegnen und direkt spüren, warum auch Pflanzen ihre Blätter in Knospen verpacken, Tiere ruhen oder Vorräte angelegt haben.

Über den Geschmackssinn ergeben sich besonders schöne Ansatzpunkte, zu sinnlichen Erfahrungen in und mit der Natur zu kommen: Mit den Kindern werden geeignete Früchte o. ä. gesammelt, die gemeinsam zubereitet und verzehrt werden. Hierbei wird den Kindern klar, wie wichtig es ist, die richtige Frucht zu erkennen und welchen direkten Nutzen wir von der Natur haben.

Blätterlotto

Aktionsidee:	Blätter mit gleicher Form finden
Ziel:	Blattformen unterscheiden lernen
Aktionscharakter:	aktiv, entdeckend
Ort:	Wald mit verschiedenen Baumarten
Material:	einfarbige Decke
Zeitdauer:	15–20 Minuten
Sonstige Voraussetzungen:	Blätter am Boden (Spätsommer bis Spätherbst)
Kombination:	ideales Spiel zum Beginn draußen

Sammeln Sie im Vorfeld verschiedene Blätter. Die Nadeln der Nadelbäume haben die gleiche Funktion wie Blätter und es darf daher gerne ebenso ein Nadelzweig mit in die Sammlung genommen werden. So kann den Kindern veranschaulicht werden, dass die Nadeln die „Blätter der Nadelbäume" sind.

Versammeln Sie sich mit den Kindern um eine Decke am Boden: Ein Blatt wird gut sichtbar für alle in die Mitte der Decke gelegt und die Kinder werden aufgefordert, ein ebensolches Blatt im Wald zu suchen und mitzubringen.

Die gefundenen Blätter werden anschließend von allen begutachtet; gemeinsam wird entschieden, ob es sich um gleiche Blätter handelt. Die Blätter werden zusammengelegt und nun können weitere Runden mit neuen Blättern fortgesetzt werden.

Anmerkung: In mehreren Spielrunden kann den Kindern die Vielfalt der Blätter deutlich gemacht werden. Es geht nicht darum, die Blätter mit ihren Kennzeichen den zugehörigen Baumarten zuzuordnen. Erst wenn die Kinder schon ein oder zwei Arten kennen, können mit diesem Spiel auch weitere Namen von Bäumen vermittelt werden (wer zu viele Baumarten vermitteln möchte, erreicht schnell das Gegenteil: die Kinder sind überfordert und können sich nachher keinen einzigen Baum merken).

Wer findet etwas Weiches?

Aktionsidee:	Gegenstände mit unterschiedlichen Eigenschaften finden
Ziel:	Eigenschaften und zugehörige Begriffe kennen lernen
Aktionscharakter:	aktiv, entdeckend
Ort:	beliebiger Ort in der Natur
Zeitdauer:	10–15 Minuten
Kombination:	ideales Spiel zum Beginn draußen

Alle Kinder stehen im Kreis zusammen. Sie werden aufgefordert, einen Gegenstand zu finden, der weich (hart, spitz, rund, glatt, rau, haarig, schwarz, grün ...) ist. Der mitgebrachte Gegenstand wird von den anderen Kindern begutachtet, z. B.: „Ist er sehr weich? Streichelt er die Wange?" So können die Kinder auf die Suche nach verschiedenen Eigenschaften geschickt werden. Je nach Alter der Kinder müssen die Eigenschaften evtl. vorher erklärt werden.

Anmerkung: Dieses Spiel kann auch gut an mehreren Orten wiederholt werden. Die Kinder werden alles Mögliche finden. Wer sich auskennt (vielleicht weiß es auch ein anderes Kind), kann erklären, was die Kinder jeweils vor sich haben. Der ein oder andere Gegenstand kann auch mit in den Kindergarten genommen werden; dort versucht man gemeinsam mit den Kindern und mit Hilfe entsprechender Bücher herauszufinden, um was es sich handelt (z. B. von welchem Baum eine gefundene Frucht ist o. ä.). So erfahren die Kinder nebenbei naturkundliche Neuigkeiten.

Ich sehe ein Blatt, das du nicht siehst

Aktionsidee:	Blattformen mit Worten beschreiben und anhand Beschreibung erkennen
Ziel:	Begriffe für Formen entwickeln und erfahren
Aktionscharakter:	ruhig, spielerisch
Ort:	draußen – zur Not auch drinnen
Material:	verschiedene Blätter und evtl. auch Nadelzweige, eine Decke
Zeitdauer:	15–20 Minuten
Sonstige Voraussetzungen:	Blätter am Boden (Spätsommer bis Spätherbst)
Kombination:	*Blätterlotto* (S. 38), *Blätterchaos* (S. 45)

Auf einer Decke sind mehrere Blätter (ca. 8–10) verschiedener Baumarten ausgelegt. Setzen Sie sich mit den Kindern um die Decke. Machen Sie nun vor, wie das Spiel funktioniert – wählen Sie gedanklich ein Blatt aus und beschreiben Sie es den Kindern: „Ich sehe ein Blatt, das ihr nicht seht und das hat … einen welligen (gezackten, glatten) Rand, (k)einen Stiel; das Blatt ist so groß wie … eine Kinderhand, eine Erwachsenenhand, ein Hühnerei … Das Blatt hat eine ovale, runde, eckige … Form … Wer hat eine Idee, welches Blatt ich meine?"

Je nachdem, wie gut die Ausdrucksfähigkeit der Kinder ist, kann man nach zwei Beispielen auch ein Kind ein Blatt beschreiben lassen …

Anmerkung: Mit jedem Spiel lernen die Kinder ein paar Formbegriffe kennen. Beim zweiten oder dritten Spiel können sie selbst die Blätter beschreiben: also ruhig mehrfach spielen!

Zauberwald

Aktionsidee:	Fangspiel
Ziel:	Bewegung schaffen
Aktionscharakter:	aktives Bewegungsspiel
Ort:	Platz zum Rennen
Material:	evtl. Spielfeldmarkierung
Zeitdauer:	10 Minuten
Sonstige Voraussetzungen:	je mehr Kinder, umso spannender wird es; Spielfeld muss entsprechend der Kinderzahl gewählt werden
Kombination:	zur Auflockerung zwischendurch oder um Bewegungsenergie raus zu lassen

Das Spielfeld muss den Kindern vor Spielbeginn deutlich gezeigt werden, am besten die Grenzen einmal gemeinsam abgehen. Hier nun die Spielidee:

Im Zauberwald werden Menschen von einem Zauberer in Bäume verwandelt. Der Fänger (Zauberer) berührt die Menschen, die vor ihm weglaufen. Wer so verzaubert wurde, verwurzelt im Boden und die Arme wachsen als Äste in den Himmel. So kann ein Zauberer einen ganzen Wald entstehen lassen. Wenn alle Kinder in Bäume verwandelt sind, wird der Zauberer abgelöst.

Anmerkung: Als Variante für die größeren Kinder können die Bäume, ohne sich vom Platz zu bewegen, ebenfalls versuchen, mit ihren Ästen (Armen) die vorbeilaufenden Kinder in Bäume zu verwandeln. Wenn das Spielfeld klein genug ist, wird der Wald sehr schnell sehr dicht.

Wichtelwohnung bauen

Aktionsidee:	mit Naturmaterialien bauen
Ziel:	Beschaffenheit von Naturmaterialien kennen lernen (taktile Erfahrungen sammeln), Förderung der Kreativität, Förderung der Sozialkompetenz
Aktionscharakter:	aktiv und kreativ in der Kleingruppe
Ort:	am oder im Wald
Material:	möglichst viele Zweige und Äste am Waldboden
Zeitdauer:	mindestens 15 Minuten einplanen – bei großer „Baulust" offen sein für Verlängerung bis zu 60 Minuten oder länger für diejenigen Kinder, die dies möchten
Kombination:	Geschichte (S. 43 f.), Märchen

Die Kinder dürfen eine Zwergenwohnung, Hexenhütte, Feendorf etc. bauen mit allem, was sie draußen vorfinden. Vielen Kindern hilft es, einen konkreten „Bauauftrag" zu bekommen. Anhand der nachfolgenden Geschichte, aber auch mit Hilfe eines gemeinsam betrachteten Bilderbuches oder eines frei erzählten oder vorgelesenen Märchens, das im Wald spielt, werden die Kinder aufgefordert, etwas Eigenes zu bauen, z.B. die Wohnung der Wichtel o.ä. Kinder, die gewohnt sind kreativ zu sein, schaffen dies vielleicht sogar gänzlich ohne Anregung ...

Bevor es losgeht, sollten Sie die Kinder fragen, wer zusammen bauen möchte (eine „Zwangseinteilung" kann die Kreativität sehr bremsen).

In der dunkleren Jahreszeit können die Wichtelwohnungen bei einer Ausstellung spätnachmittags auch mit kleinen Lichtchen (z.B. Taschenlampe; Vorsicht mit Kerzen wegen Brandgefahr) beleuchtet werden.

Anmerkung: Der Fokus dieser Aktion liegt auf der Beschäftigung mit dem Naturmaterial – nicht auf dem „Bauergebnis".

Anstatt „praktischer" Bauwerke kann man die Kinder auch anregen, Muster (oder Mandalas – je nach Vorwissen der Kinder) zu gestalten. Eine so entstandene Kunstausstellung kann auch als Abschluss von Eltern, Geschwistern und anderen Verwandten oder Bekannten besucht werden.

Luni und Pino, die beiden Wichtel

Hinter einem großen Stein am Waldrand auf ganz weichem Moos lagen zwei Wichtelkinder.
„Ach, Pino, gib mir doch bitte noch eine Erdbeere", sagte das Wichtelmädchen Luni.
Ihr Freund Pino reichte ihr einen Grashalm. Darauf waren ein paar Walderdbeeren gesteckt. Luni machte eine ab und schob sie sich in ihren kleinen Mund.
„Hmmm! Wie lecker!"
„Guck mal, wie schnell die Wolken fliegen!", sagte Pino.
„Waf haft du gefagt?", fragte Luni schmatzend.
„Wie schnell die Wolken fliegen", sagte Pino lauter.
Sie schauten in den Himmel. Weiße Wolken rasten in großen Fetzen über den blauen Himmel.
„Ja, es weht ein ziemlich heftiger Wind", meinte Luni.
„Zum Glück liegen wir hier ganz gemütlich hinter dem Felsen. Der hält den Wind ab."
So lagen sie noch ein Weilchen und schauten den Wolken zu. Der Wind rauschte in den Wipfeln der Bäume. Es knackte und raschelte. Irgendwann wurde es stiller.

„Ich mag noch mal die Wurzel runter rutschen", sagte Luni. Neben dem moosigen Plätzchen lag ein umgestürzter Baum und seine Wurzel ragte in die Luft. Sie war auch mit Moos bewachsen. Dort kletterten sie hinauf. Und auf der anderen Seite rutschten sie auf ihrem Po wieder hinunter.
„Juhu!", rief Luni.
„Jipi!", rief Pino.

Nach einigen Malen Runterrutschen wollten sie sich auf den Heimweg machen. Sie liefen durch dichtes Gras, hüpften über einen Bach und kletterten einen Hang hinauf. Plötzlich blieb Pino entsetzt stehen: „Oh nein! Mein Wurzelhaus!", rief er. Da sah Luni, dass ein dicker Ast auf sein Haus gefallen war.
„So ein Mist!", rief Pino und wischte sich eine Träne aus den Augen. Luni legte einen Arm um ihn. „Ich helf dir, es wieder aufzubauen!", meinte sie tröstend.
„Der Ast ist bestimmt schwer wie ein Stein!", befürchtete er. Zu zweit versuchten sie, den Ast wegzurollen, aber es ging nicht.

„Wir brauchen Hilfe!", meinte Pino.

„Ausgerechnet heute sind alle unsre Freunde zum Waldsee verreist", meinte Luni.

Pino setzte sich mutlos auf eine Wurzel: „Auch wenn der Ast weg ist, ist nichts mehr zu retten. Das Blätterdach ist zerrissen, mein Moosbett ist ganz zerdrückt ... Oh je und meine Badewanne aus Rinde – völlig futsch!" Er seufzte tief.

Da machte Luni einen Vorschlag: „Du kannst heute Nacht bei mir wohnen. Und morgen bauen wir dir ein ganz tolles neues Haus."

„Aber meine Badewanne", jammerte Pino, „sie war so schön, meine Rindenbadewanne!"

„Wir finden bestimmt eine neue. Und jetzt komm mit, wir braten uns einen leckeren Pilz an meiner Feuerstelle."

Da stand Pino auf und folgte Luni hinüber zu der großen Eiche, unter der Luni wohnte. Dort machten sie ein schönes Feuerchen und für eine Weile hatte Pino seinen Kummer vergessen.

Als er am nächsten Tag in Lunis Wichtelhaus erwachte, war er zuerst ganz traurig, dass sein Haus zerstört war. Aber dann hatte er eine Idee.

„Luni, wach auf, wir wollen doch mein neues Haus bauen! Und ich will auch einen Garten davor machen mit einem Gartenzaun. Und darin pflanze ich ein paar kleine Bäumchen."

„Das ist eine gute Idee", meinte Luni. So begannen sie Blätter, Äste und Moos heranzuschleppen und waren den ganzen Tag mit Pinos neuem Zuhause beschäftigt.

© Eva Brandt

Schatzsuche

Aktionsidee:	wie Schnitzeljagd
Ziel:	genaues Beobachten, eine Spur verfolgen
Aktionscharakter:	spannend mit Bewegung
Ort:	Wald
Material:	Stöcke o.ä., um Pfeile zu legen; Schatz (Kistchen mit schönen Steinen, Halbedelsteinen oder anderen Kostbarkeiten)
Zeitdauer:	je nach Ausdauer der Kinder
Kombination:	ideal zur Überbrückung des Weges zum späteren Aufenthaltsort

Legen Sie (evtl. auch mit anderen Kindern zusammen) eine Spur aus Stöcken oder Steinen: in regelmäßigen Abständen werden gut erkennbare Zeichen – Pfeile eignen sich sehr gut – auf den Boden gelegt. Die (anderen) Kinder sollen anschließend versuchen, anhand der Markierungen den Weg zum Schatz (Ziel) zu finden.

Anmerkung: Für die älteren Kinder kann auch eine Schatzkarte eingebaut werden, die vereinfacht den Zielort und die Lage des Schatzes aufzeigt. Der letzte Pfeil führt zu dieser Karte. Ansonsten führt der letzte Pfeil zu einem Kreis o. ä., in dem der Schatz vergraben/versteckt ist.

Blätterchaos

Aktionsidee:	Blätter von Laubbäumen nach ihrer Form sortieren
Ziel:	erkennen, dass unterschiedliche Baumarten unterschiedliche Blätter haben
Aktionscharakter:	erst körperlich aktiv, dann gedanklich
Ort:	möglichst verschiedene Baumarten (mindestens drei Arten) im direkten Umkreis
Material:	wenigstens eine große einfarbige Decke (altes Laken o. ä.)
Zeitdauer:	10–15 Minuten
Sonstige Voraussetzungen:	Blätter am Boden (ideal Spätsommer, Herbst)
Kombination:	ideal zur Einstimmung auf Thematik „Baumart"; vor dem Spiel „Ich sehe ein Blatt, das du nicht siehst" (S. 40)

Die Kinder versammeln sich um eine große ausgebreitete Decke. Sie bekommen den Auftrag, verschiedene Blätter zu sammeln und auf die Decke zu legen. Bei großer Kinderzahl soll sich jedes Kind auf wenige Blätter beschränken, so dass die einzelnen Blätter auf der Decke noch gut erkennbar sind.

„Welche Blätter gehören wohl zum gleichen Baum?" Die Kinder sollen nun alle Blätter auf der Decke sortieren und die Blätter des gleichen Baumes zueinander legen. Bei einer großen Kindergruppe und vielen Blättern kann zur besseren Übersicht für die Blätter einer Baumart je eine Decke zur Verfügung gestellt werden.

Das Sortieren kann – besonders bei geringer Kinderzahl – gemeinsam erfolgen. Alternativ können Sie aber auch jeweils ein Blatt vorgeben, dem die weiteren Blätter von den Kindern zugeordnet werden.

Anmerkung: Die Namen der verschiedenen Baumarten sind noch nicht so wichtig – die Kinder sollen vor allen Dingen erst einmal unterscheiden lernen und den Blick für Merkmale bekommen.
Selbstverständlich kann diese Aktion auch mit Nadeln bzw. Zweigen von Nadelbäumen erfolgen; dabei sollte den Kindern erläutert werden, dass die Nadeln, die „Blätter" der Nadelbäume sind. Die Nadeln sind ein wenig schwieriger voneinander zu unterscheiden, insbesondere, wenn sie ohne Zweig gefunden werden.

Unser Baum

Aktionsidee:	Plakat einer Baumart erstellen
Ziel:	eine Baumart kennen- und unterscheiden lernen; Unterteilung in Stamm, Krone, Wurzeln und deren Funktion erfahren
Aktionscharakter:	entdeckend, aktiv; später konzentriert produktiv
Ort:	ein Baum dieser Art im direkten Umkreis; kann teilweise im Raum durchgeführt werden.
Material:	großes einfarbiges Papier oder Tapetenrolle, durchsichtiges Klebeband, Flüssigklebstoff
Zeitdauer:	20–40 Minuten oder über mehrere Tage/Wochen
Sonstige Voraussetzungen:	Blätter, Früchte und/oder Blüten, Knospen für Kinder mit den Händen erreichbar (am Boden oder tief hängenden Zweigen)
Kombination:	*Rindenabdruck* (S. 64), *Erdfarben* (S. 76, im Kapitel Boden)

Nachdem die Kinder einem Baum/Strauch an dessen Standort begegnet sind, sammeln sie die Blätter (gerne verschiedene Größen, verschiedene Grade des Verwelkens), Früchte oder Blüten. Noch besser lassen sich die Blätter verarbeiten, wenn sie ein paar Tage gepresst und getrocknet werden, bevor sie „weiter verarbeitet" werden.

Auf einem Plakat werden die Umrisse eines Baumes (Baumkrone, Stamm, Platz für Wurzeln) grob von einer erwachsenen Person vorgezeichnet. Der Umriss der Krone wird mit dem gesammelten „Material" gefüllt. Der Baumstamm kann mit Rindenabdrücken beklebt werden (siehe *Rindenabdruck*).

Die Wurzeln können von den Kindern mit *Erdfarbe* (siehe Kapitel *Boden*) ausgemalt werden. Interessanterweise haben die meisten Kinder bereits eine Vorstellung vom Aussehen der Wurzeln. Man kann aber auch bei einem Aufenthalt im Wald die Kinder auf den Wurzelteller eines umgestürzten Baumes hinweisen. Der Förster gibt sicher gerne einen Tipp, wo es so etwas in der Nähe zu sehen gibt.

Vielleicht kann auch noch ein Tier dazu gemalt werden, das im Baum lebt?

Anmerkung: Das Plakat kann auch über die Jahreszeiten allmählich gefüllt werden: Im Frühjahr/Sommer die Blätter und Blüten, im Herbst die Früchte, im Winter die Knospen.

Oder: Verschiedene Kleingruppen können jeweils „ihren eigenen" Baum portraitieren und die Portraits einander vorstellen. So lernen die Kinder mindestens „ihren" eigenen Baum von vielen anderen zu unterscheiden; aufnahmefähige Kinder können anhand der weiteren Bäume auch diese kennen lernen.

Es besteht auch die Möglichkeit, dass jedes Kind einen kleinen Baum auf DIN A4-Papier für sich gestaltet.

Knospengeheimnis

Aktionsidee:	Knospe entdecken
Aktionscharakter:	erforschend
Ziel:	Funktion einer Knospe erfahren
Ort:	möglichst bei einer Buche; Fortsetzung drinnen
Material:	Buchenknospen (abgebrochener Ast/Zweig)
Zeitdauer:	10–15 Minuten
Sonstige Voraussetzungen:	Knospen am Baum (ideal Winter, Herbst)
Kombination:	vor *Knospentheater* (S. 49)

Zeigen Sie den Kindern an einer Buche die Zweige mit den Knospen; vielleicht liegt schon ein abgebrochener Zweig vom letzten Herbststurm am Boden, so dass der Baum nicht zusätzlich verletzt werden muss. Von diesem Zweig bekommt jedes Kind eine Knospe. „In dieser Knospe ist ein Geheimnis versteckt." Wer Schuppe für Schuppe von der Knospe vorsichtig entfernt, kann darin etwas entdecken (wenn die Finger zu klamm sind, kann man das Knospengeheimnis mit in den Kindergarten nehmen und drinnen lüften.)

Anmerkung: In der Knospe verbergen sich die neuen grünen Blätter – noch sind es winzige Blättchen, die durch weiche Härchen („streichelt damit mal die Wange") vor der Kälte geschützt sind. Manchmal findet man auch eine unscheinbare Blüte darin.

Knospentheater

Aktionsidee:	das Öffnen einer Knospe nachspielen
Ziel:	die Knospe als Schutz der Blätter verstehen lernen; Jahreszeit Winter erfahren
Aktionscharakter:	körperlich darstellend
Ort:	spielt keine Rolle
Zeitdauer:	10–15 Minuten
Sonstige Voraussetzungen:	ideal im Winter oder auch Frühjahr; Verständnis, was in einer Knospe ist
Kombination:	nach *Knospengeheimnis* (S. 48)

Nachdem die Kinder wissen, dass sich in einer Knospe viele Blättchen verbergen, stellen sich alle Kinder eng zusammen. Ein Teil der Kinder schließt als enger Kreis die anderen Kinder in der Mitte (die evtl. in der Hocke sitzen) ein. Die äußeren Kinder sind die Schuppen einer Knospe und die Kinder darin die geschützten Blättchen.

Nun erzählen Sie eine kleine Geschichte von der Knospe am Baum, die schon im Sommer ganz winzig am Zweig entstanden ist. Diese Geschichte soll durch die Jahreszeiten führen – sie kann entsprechend der Stimmung der Kinder mehr oder weniger ausgeschmückt werden. Wenn das Frühjahr (in der Geschichte) naht, beschreiben Sie, wie sich die Knospe öffnet und die Blätter sprießen. Die Kinder dürfen nach ihrer eigenen Vorstellung die aufgehende Knospe spielen.

Anmerkung: Es ist gut, die Kinder mehrfach spielen zu lassen und die Rollen der abfallenden Knospenschuppen und der Blättchen auch zu tauschen.

Baumtasten

Aktionsidee:	Tasten der Baumrindenstruktur; blind sein/führen
Ziel:	Baumrinde und ihre Struktur taktil wahrnehmen; Unterscheiden unterschiedlicher Rindenstrukturen
Aktionscharakter:	ratend, mit etwas Bewegung
Ort:	möglichst verschiedene Baumarten im direkten Umkreis; nicht zu dichter Wald ohne Unterholz (keine Stolperfallen) oder Wiese (Park) mit Baumbestand
Material:	Augenbinden (sie schützen auch vor Ästen in Augenhöhe)
Zeitdauer:	15–30 Minuten
Sonstige Voraussetzungen:	Vorschulkinder (mit verbundenen Augen führen bzw. geführt werden, ist für die Jüngeren oft zu anspruchsvoll)
Kombination:	Ideal zur Einstimmung in Themenkreis „Baum"

Zu Beginn wird mit allen Kindern das Spielfeld abgegangen. Es sollte überall ein guter Sicht- und Hörkontakt zur Spielleitung möglich sein. Die Kinder gehen paarweise zusammen. Ein Kind bekommt die Augen verbunden. Das andere Kind hat die Aufgabe eines „Blindenhundes" (hier muss unbedingt auf die große Verantwortung hingewiesen werden!). Der „Blindenhund" führt nun das „blinde" Kind sehr vorsichtig zu einem Baum. Das „blinde" Kind ertastet den Baum und wird zum Ausgangsort zurück geführt. Nach Abnehmen der Augenbinde versucht das Kind sehend den ertasteten Baum wieder zu finden.

Anmerkung: Das „Blindführen" kann evtl. vorher in einer Turnhalle, auf dem Sportplatz o. ä. mit den Kindern geübt werden.

Baumtelefon

Aktionsidee:	Hören von Klopfgeräuschen entlang eines gefällten Baumstammes
Ziel:	„Wasserleitungen im Baumstamm" wahrnehmen
Aktionscharakter:	sinnliches Experiment
Ort:	an einem einzeln liegenden gefällten Baumstamm
Zeitdauer:	5–10 Minuten
Kombination:	*Wie kommt das Wasser in die Tüte?* (S. 52)

An einem liegenden Baumstamm, der gut zugänglich ist (also ohne einen Holzstapel zu betreten), legen alle Kinder ihr Ohr auf den Stamm und sind mucksmäuschenstill. Kratzen Sie nun ganz leise mit dem Fingernagel an einer Seite des Stammes: „Wer hört etwas?" Auch die Kinder können nun versuchen, nacheinander Geräusche am Stamm zu produzieren.

Anmerkung: Im Baumstamm sind durchgehende Wasserleitungen (wie ganz dünne lange Rohre) von der Wurzel bis in die Zweige. Ein Geräusch wird entlang dieser Rohre wie durch ein Telefonkabel weitergeleitet. Dies funktioniert auch, wenn der Baum noch steht: Wenn ein Specht oben im Baumstamm seine Nisthöhle gebaut hat, hört er einen Marder von unten den Baum hoch laufen und kann ihn vertreiben (bevor dieser die Vogeleier frisst).
Wer möchte, kann vorher mit den Kindern im Kindergarten durch Kunststoffrohre sprechen/lauschen – so ist die Vorstellung der Wasserleitungen als Röhren leichter nachvollziehbar.

Wer eine Baumscheibe auftreiben kann, kann die Wasserleitungen auch noch mit einem anderen Experiment zeigen: Auf eine Seite der Baumscheibe wird etwas Spülmittel getropft. Wenn man nun auf der Rückseite gegen die Baumscheibe bläst, schäumt das Spülmittel ...

Achtung: Gestapeltes Holz ist in der Regel nicht gegen Wegrollen gesichert – die Kinder sollten Holzstapel nicht zum Balancieren nutzen – bei einzeln liegenden Stämmen spricht nichts dagegen!

Wie kommt das Wasser in die Tüte?

Aktionsidee:	Verdunstungswasser sichtbar machen
Ziel:	Vorgang der Verdunstung verstehen
Aktionscharakter:	Experiment
Ort:	Laubbaum oder -strauch
Material:	durchsichtige Plastiktüte, Schnur
Zeitdauer:	5 Minuten plus Wartezeit von 1/2 oder mehreren Stunden (je höher die Außentemperatur umso kürzer)
Sonstige Voraussetzungen:	Zweig mit grünen Blättern (am besten an einem sonnigen Standort, der für die Kinder erreichbar ist)
Kombination:	*Baumtelefon* (S. 51)

Man stülpt zusammen mit den Kindern eine Plastiktüte über einen Zweig mit Blättern. Die Öffnung der Tüte wird so gut als möglich um den Zweig herum zugebunden.

Nun heißt es warten (je nach Außentemperatur wenige Minuten bis etwa 3 Stunden). Schließlich sind in der Tüte zahlreiche Wassertropfen zu sehen ... Dieses Wasser hat der Baum über die Wurzeln aus dem Boden aufgenommen und den Stamm hinauf bis zu den Blättern transportiert. Die Wärme der Sonne funktioniert wie ein Mensch, der an einem Röhrchen das Wasser hochzieht.

Anmerkung: Im Wasser des Bodens sind für den Baum wichtige Nährstoffe (Mineralien etc.) gelöst. Diese verwendet der Baum und gibt das reine Wasser dann über die Blätter durch Verdunstung wieder ab.

Naturmemory

Aktionsidee:	Memory mit selbst gesammelten Naturgegenständen
Ziel:	Gleiches erkennen; Gedächtnis schulen; Kennenlernen von Naturgegenständen
Aktionscharakter:	in der Vorbereitung bewegt, entdeckend; anschließend Regelspiel sitzend
Ort:	Ort draußen, an dem viel auf dem Boden liegt; kann drinnen fortgesetzt werden
Material:	1-Liter-Joghurtbecher o. ä. (ideal – aber nicht zwingend – sind identische Becher); große Decke
Zeitdauer:	20–40 Minuten
Sonstige Voraussetzungen:	in der Spielphase kleine Gruppe, damit nicht zu lange Wartezeiten entstehen

Die Kinder sammeln immer zwei möglichst gleiche Naturmaterialien. Jeder dieser beiden Gegenstände soll in jeweils einen Becher passen; sie werden für alle sichtbar auf eine Decke gelegt. Nun werden Gegenstandspaare ausgewählt, die sich gut als Paar von den anderen Paaren unterscheiden. Die ausgewählten Gegenstände werden auf der Decke verteilt und mit je einem Becher zugedeckt. Die Becher werden auf der Decke so untereinander verschoben, dass möglichst keiner sich die Standorte merken kann.

Dann wird Memory gespielt: Das Kind, das an der Reihe ist, deckt zwei Becher auf; liegen zwei identische Gegenstände darunter, nimmt es die Becher mit den Gegenständen an sich; ansonsten deckt es die Becher wieder zu und das nächste Kind ist an der Reihe ...

Anmerkung: Bei dieser Gelegenheit sollte man wenigstens einen Teil der gefundenen Gegenstände auch erklären – so können die Kinder viel Naturkundliches nebenbei lernen.

Naturdomino

Aktionsidee:	Dominospiel mit gesammelten Naturgegenständen
Ziel:	Kontakt mit Naturgegenständen und Kennenlernen der Gegenstände
Aktionscharakter:	in der Vorbereitung bewegt, entdeckend; anschließend Regelspiel sitzend
Ort:	Ort draußen, an dem viel auf dem Boden liegt; kann drinnen fortgesetzt werden
Material:	große Decke
Zeitdauer:	20–40 Minuten
Sonstige Voraussetzungen:	in der Spielphase kleine Gruppe, damit nicht zu lange Wartezeiten entstehen

Zuerst werden zahlreiche Naturgegenstände gesammelt, so dass jedes Kind einen kleinen „Berg" an Gegenständen vor sich hat. Die Art der Gegenstände kann auch vorgegeben werden, z. B. nur Früchte (Kastanien, Nüsse, Walnüsse, Hagebutten, Eicheln, Bucheckern, Fichtenzapfen, …).

Ein Kind beginnt und legt zwei Gegenstände nebeneinander auf die Decke (diese beiden stehen für einen Dominostein). Nun ist das nächste Kind an der Reihe, es legt zwei seiner eigenen Gegenstände: einen gleichen Gegenstand zum Anschließen an einen bereits gelegten Gegenstand des ersten Paares und einen weiteren beliebigen Gegenstand daneben. So geht es reihum.

Ziel ist es, gemeinsam eine möglichst lange Kette zu legen. Das Spiel ist beendet, wenn keiner mehr legen kann – die Kinder können sich auch gegenseitig mit Gegenständen aushelfen bzw. diese tauschen.

Anmerkung: Bei dieser Gelegenheit sollte man wenigstens einen Teil der gefundenen Gegenstände auch erklären – so können die Kinder viel Naturkundliches nebenbei lernen.

Eichhörnchenspiel
(Variante frei nach Kuhn, Probst, Schilke)

Aktionsidee:	Nachspielen des Herbst- und Winterverhaltens von Eichhörnchen
Ziel:	Verstehen der Vorratshaltung und des Jahreszeitenwechsels
Aktionscharakter:	aktives spannendes Spiel
Ort:	möglichst im Wald, abgestecktes (!) Spielgebiet
Material:	3 Walnüsse pro Kind, evtl. Bänder zur Feldmarkierung an den Bäumen
Zeitdauer:	20–30 Minuten
Sonstige Voraussetzungen:	vorbereitetes „Spielfeld" (beim ersten Spiel lieber zu klein wählen); ideal im Herbst, Winter; Vorschulkinder
Kombination:	*Tierbehausungen* (S. 63)

Die Kinder werden von Ihnen in Eichhörnchen „verwandelt" – diesen „Eichhörnchen" wird zuerst einmal ihr Eichhörnchenwald gezeigt (damit allen klar ist, wo die räumlichen Grenzen des Spieles sind). Schließlich treffen sich alle „Eichhörnchen" zusammen in einem Kobel (so heißt das Kugelnest der Eichhörnchen hoch oben im Baum). Sie haben im September schon ihr Winterfutter gesammelt (jedes Kind bekommt jetzt drei Walnüsse ausgeteilt). Das erläutern Sie den Kindern: „Eichhörnchen ruhen sich im Winter viel aus, aber ab und zu erwachen sie sehr hungrig und suchen sich etwas zu essen. Deshalb verstecken sie im Herbst ihre Nüsse. Wisst ihr gute Verstecke für Nüsse?" An dieser Stelle ruhig genauer erfragen, welches Versteck sich für ein Eichhörnchen gut wieder finden lässt.

Nun können Sie eine Geschichte erzählen, wie die Eichhörnchen in den Herbstmonaten ein gutes Versteck suchen: *Die Eichhörnchen müssen sich ein wenig beeilen, denn der Herbst dauert nur drei Monate* (um die Herbstzeit deutlich zu machen, können Sie in diesem Zusammenhang die Monate September, Oktober und November erwähnen, in denen es immer kälter und un-

gemütlicher wird). *Schließlich wird es so kalt, dass die Eichhörnchen schnell in ihren Kobel müssen, um nicht zu sehr zu frieren.*
Im Dezember schlafen die Eichhörnchen, bis sie an Weihnachten wieder hungrig erwachen. Sie müssen jetzt genau eine Walnuss finden, damit sie satt werden. Finden alle Eichhörnchen eine Nuss? Wer keine Nuss mehr finden kann, verwandelt sich ... (Was wird aus einer Nuss, die nicht gefunden wird?) *... in einen Baum.*

Auch im Januar und Februar werden die Eichhörnchen erneut wach, weil sie Hunger haben. Im März scheint die Sonne dann endlich wieder wärmer, die Eichhörnchen erwachen und finden nun auch in der Natur wieder etwas zu fressen (Vogeleier sind jetzt besonders lecker! Wie viele Eichhörnchen haben den Winter überstanden und wie viele Bäume werden aus den nicht gefundenen Nüssen wachsen?).

Anmerkung: Dieses Spiel lässt sich einbetten in die nachfolgende Geschichte (die auch schon im Vorfeld erzählt werden kann). Schon vor dem Spiel können die Eichhörnchen beginnen eine eigene Behausung zu bauen. Sie können die Früchte auch – wenn diese im Wald zu finden sind – vorher selbst sammeln (Eicheln, Walnüsse, Nüsse, Bucheckern – am besten Früchte, die es am Spielort dann nicht mehr gibt). Man kann den Kindern über die Jahreszeit und die Besonderheiten der Monate einiges erzählen. Der Fantasie sind keine Grenzen gesetzt, solange die Kinder nicht frieren. Es ist übrigens wirklich so: das Eichhörnchen legt sich im Herbst Vorratsverstecke an, die es nicht alle wieder findet ...

Cecilia, das hungrige Eichhörnchen

Cecilia wohnte mit ihrer Eichhörnchenfamilie in einem schönen Wald. Damit sie im Winter nicht frieren mussten, bauten sie sich hoch oben im Baum ein kuscheliges Nest, ihren Kobel. Es war September. Alle Eichhörnchen fingen an, Nüsse und Eicheln zu sammeln als Vorrat für die kalte Zeit. Cecilia hatte drei Walnüsse gefunden. Jetzt suchte sie sich ein gutes Versteck für jede Nuss. Der Oktober kam, der November kam. Und jeden Tag wurde es ein bisschen kälter und ungemütlicher draußen. „Zum Glück haben wir den schönen, warmen Kobel," dachte Cecilia. Und so kuschelten sich jetzt alle Eichhörnchen in ihr Nest. Dann schliefen sie ein.

Kurz vor Weihnachten begannen ihre Mägen zu knurren. Cecilia und die anderen Eichhörnchen wachten auf. „Hab ich einen Riesenhunger!", sagte Cecilia und sie kletterte aus dem Kobel und machte sich auf die Suche nach der ersten Nuss. „Bei den Wurzeln der großen Eiche hab ich sie versteckt," dachte sie und fand sie tatsächlich gleich. Sofort knackte sie die Nuss und ließ sie sich schmecken. „Oh wie lecker!" Wieder kletterte sie in den Kobel wie ihre Schwestern und Brüder. Und alle schliefen wieder ein. Im Januar wachten sie wieder auf und suchten nach ihrer zweiten Nuss. Tatsächlich war Cecilias Nuss noch da! Wieder kletterte sie in den Kobel und alle schliefen wieder ein. Im Februar wachten sie noch einmal auf. Doch als Cecilia durch den Schnee hüpfte, fiel ihr einfach nicht mehr ein, wo sie die letzte Nuss versteckt hatte. „So ein Mist," dachte sie. Nach einigem Suchen kehrte sie mit knurrendem Magen zurück in ihren Kobel. Zum Glück war es jetzt nicht mehr lange bis zum Frühling. Im März wurde es immer wärmer. Die Eichhörnchen erwachten ganz aus ihrer Winterruhe. Der Schnee war geschmolzen. Schnell machte sich Cecilia auf die Suche nach etwas zu essen und fand ein leckeres Vogelei. Ein paar Wochen später kam Cecilia zufällig an einem kleinen Bach vorbei. Da fiel es ihr ein:" Da hinten hab ich ja meine letzte Nuss versteckt!" Sie hüpfte über den Bach zu einem großen Stein. Aber was war das? Genau an der Stelle, wo sie die Nuss verbuddelt hatte, wuchs jetzt ein ganz kleiner Baum. Gerade zwei Blättchen hingen an einem dünnen Stängel. „Na, so was, das war meine Walnuss!", rief sie. Und dann dachte sie: „Naja, vielleicht wird das mal ein großer Baum, und dann gibt es hier ganz viele Nüsse für mich!"

© Eva Brandt

Jahreszeitenspiel

Aktionsidee:	wie ein wechselwarmes Tier aktiv sein – entsprechend der Jahreszeit
Ziel:	Einfluss der Jahreszeit auf wechselwarme Tiere erfahren
Aktionscharakter:	aktives Laufspiel
Ort:	eine ebene Fläche zum Rennen
Material:	evtl. Seil um Kreis zu markieren
Zeitdauer:	10–15 Minuten

Wechselwarme Tiere können ihre Körpertemperatur nicht selbst regulieren. Sie sind auf die Wärme von außen angewiesen. Daher sind die wechselwarmen Tiere umso aktiver, je wärmer die Außentemperaturen sind (In welcher Jahreszeit scheint die Sonne am wärmsten?). Zu den wechselwarmen Tieren gehört u.a. die Eidechse. Im Winter ruht sie und bewegt sich gar nicht, im Frühling und Herbst ist sie langsam und im Sommer manchmal sehr schnell unterwegs. Nun zur Spielidee:

Ein Kind stellt die Sonne dar. Der Stand der Erde zur Sonne verursacht die Jahreszeiten, vereinfacht gesagt: „Die Sonne macht die Jahreszeiten". Fragen Sie die Kinder: „Welche Jahreszeiten gibt es? In welcher Reihenfolge finden sie statt?" Die anderen Kinder bewegen sich um die Sonne herum. (evtl. Spielkreis mit Seil auslegen).

Die Sonne ruft die Jahreszeiten und die Kinder sollen sich in der entsprechenden Geschwindigkeit um die Sonne herum bewegen. Ruft die Sonne „Winter" müssen die Kinder sofort stehen bleiben. Das Kind, das als erstes (oder letztes) reagiert, darf die Sonne ablösen.

Nach ein paar Runden kann die Sonne auch Verwirrung stiften und die Jahreszeiten beliebig aufeinander folgen lassen.

Anmerkung: In den Frühlingsmonaten scheint die Sonne länger: hierdurch wärmt sich die Erde immer mehr auf. Die maximale Wärme wird im Som-

mer erreicht. Wenn die Tage wieder kürzer werden, geht immer mehr Wärme verloren, bis die Erde zum Winter hin recht stark abgekühlt ist. Mit den länger werdenden Tagen im Frühjahr kommt es wieder zur Erwärmung im nächsten Sommer.
Der Frosch ist auch ein wechselwarmes Tier. Wie wäre es, die Kinder auch einmal als Frösche hüpfen zu lassen?

Winterfangen

Aktionsidee:	Fangspiel
Ziel:	Aufwärmen mit Bewegung
Aktionscharakter:	Fangspiel mit „Befreier"
Ort:	kleine Fläche
Zeitdauer:	10 Minuten
Sonstige Voraussetzungen:	am besten bei „klassischem" Winterwetter

Ein Kind ist der „Winter" (entspricht hier dem Fänger); ein weiteres Kind ist „Sonnenstrahl" (entspricht hier dem Befreier). Alle anderen Kinder sind „Igel" (hier kann natürlich auch ein anderes Tier genommen werden, das im Winter schläft oder ruht). Ein „Igel", der vom „Winter" gefangen wird, muss stehen bleiben (schlafen) und kann vom „Sonnenstrahl" durch Berührung mit dem Zeigefinger am Kopf wieder erwärmt bzw. erlöst werden.

Anmerkung: Je nach Zahl der Mitspieler/innen werden mehrere „Winter" und viele „Sonnenstrahlen" bzw. ein entsprechend großes Spielfeld nötig.

Eichel pflanzen

Aktionsidee:	Einpflanzen einer Eichel
Ziel:	Erfahren, wie aus einer Frucht eine Pflanze (Baum) wird
Aktionscharakter:	Langzeitexperiment
Ort:	wo es Eicheln gibt
Material:	große leere Becher (ein bis zwei kleine Löcher zum Wasserablauf in Boden geschnitten) oder Blumentöpfe (mind. die Höhe eines 0,5 kg Joghurtbechers)
Zeitdauer:	Aktivität selbst: 10–15 Minuten; anschließende Beobachtungszeit über mehrere Monate
Sonstige Voraussetzungen:	im frühen Winter oder Spätherbst, noch kein Schnee
Kombination:	*Vom Samen zum Baum* (S. 61)

Mit den Kindern werden Eicheln gesammelt. Jedes Kind darf zwei bis drei Eicheln in einen großen Becher einpflanzen (Erde aus der Landschaft oder Blumenerde) und ein klein wenig angießen. In den nächsten Wochen bleiben die Becher in einem nicht allzu warmen Raum (am besten ungeheizt) und werden alle zwei bis vier Wochen mit sehr wenig (!) Wasser gegossen. Wenn die Eichelpflänzchen im Frühjahr sichtbar werden, lässt sich beobachten, wie die ersten Blätter aussehen (die beiden Keimblätter haben noch keine Eichenblattform!). Im Sommer können die Pflänzchen auch ausgepflanzt werden (im Garten des Kindergartens).

Anmerkung: Eicheln eignen sich besonders gut für dieses Experiment, da sie eine sehr hohe Keimfähigkeit besitzen (manchmal sieht man schon den Wurzelkeim im Herbst aus der Eichel herausragen). Die Kastanie ist ähnlich gut für diesen Langzeitversuch geeignet. Wer die Absicht hat, wirklich einen Baum wachsen zu lassen, sollte mehrere Pflänzchen groß werden lassen um zu gewährleisten, dass wirklich eine Pflanze „überlebt".

Vom Samen zum Baum

Aktionsidee:	Nachempfinden eines Samens
Ziel:	Verstehen, was ein Samen/eine Frucht ist
Aktionscharakter:	Fantasiereise
Ort:	beliebig
Material:	evtl. ein Zauberstab – nicht unbedingt nötig
Zeitdauer:	10–15 Minuten
Sonstige Voraussetzungen:	Winter oder Herbst sind die passende Jahreszeit hierfür
Kombination:	*Eichel pflanzen* (S. 60)

Alle Kinder werden in einen Samen verwandelt (mit einem Zauberstab). Am besten wählen Sie die Nuss oder Frucht eines Baumes, der den Kindern vertraut ist. Die Kinder können den Samen zuvor betrachten. Nun erfinden Sie eine Geschichte vom Samen: *Im Herbst fällt er vom Baum und schlummert den ganzen langen Winter in der Erde* (hier können auch Tiere vorbeikommen, die den Samen beschnuppern). *Wenn es draußen wärmer wird, beginnt eine Wurzel nach unten zu wachsen und bald darauf streckt sich ein kleiner dünner Stiel aus der Erde zum Licht. Ein paar Blätter wachsen auch aus dem Stiel ...*
Wenn die Kinder Fantasiereisen gewohnt sind, kann man die Geschichte auch über ein paar Jahre spielen lassen, bis aus dem Samen ein stattlicher Baum gewachsen ist.

Am Ende der Fantasiereise ist es wichtig, die Bäumchen wieder in Kinder zurückzuverwandeln (mit dem Zauberstab).

Anmerkung: Ein Samen ist die Fortpflanzungseinheit einer Pflanze – ähnlich dem Ei bei Tieren. Der Samen entsteht, wenn Pollen einer männlichen Blüte in den Fruchtknoten einer weiblichen Blüte gelangt (befruchtet). Aus einem Samen kann eine neue Pflanze (also auch ein Baum) entstehen. Viele Samen sind als Früchte „verpackt": In einer Walnussschale, einer Eichel, einer Kirsche (der Kern ist der Samen), einer Beere ...

Pirsch

Aktionsidee:	Tiere suchen
Ziel:	genaues Betrachten, Tiere kennen lernen
Aktionscharakter:	ruhig, beobachtend
Ort:	Weg oder Pfad von etwa 100 bis 300 Metern im Wald oder entlang einer Hecke
Material:	Tiersilhouetten aus stabilem Karton oder Sperrholz in Lebensgröße (kann evtl. auch beim Förster ausgeliehen werden)
Zeitdauer:	15–30 Minuten
Kombination:	*Tierbehausungen* (S. 63), *Tierspuren* (S. 140 f.)

Die Tiersilhouetten werden im Wald oder in der Hecke aufgestellt, so dass sie vom Weg aus bei genauem Hinschauen sichtbar sind (große Tiere wie ein Reh oder Dachs dürfen bis zu 10 Meter entfernt stehen). Nun werden die Kinder – nach Möglichkeit jeweils einzeln – den Weg entlang auf die Pirsch geschickt: „Wer leise ist, kann Tiere entdecken – versucht sie zu erkennen und euch zu merken, wen ihr gefunden habt." Am Endpunkt werden die Kinder am besten von einer anderen Erzieherin erwartet. Bei kleinen Kindern im Alter von 3–5 Jahren kann der Weg auch mit mehreren Kindern gemeinsam gegangen werden; das Kind, das ein Tier sieht, darf dann ganz leise mit dem Finger dorthin zeigen, wo das Tier steht.

Wenn alle Kinder den Weg abgegangen sind, darf jedes Kind ein Tier sagen, an das es sich erinnert. Im Anschluss wird der Weg noch einmal gemeinsam mit allen gegangen und die Kinder zeigen, wo sie die Tiere entdeckt haben. Die Tiersilhouetten werden eingesammelt (die Kinder machen das sicher gerne) und gemeinsam betrachtet. Bei großer Kälte kann die Fortsetzung dieser Aktion nun nach drinnen verlagert werden. Mit den Kindern können die Namen der Tiere, deren Lebensweise, Nahrung und/oder Verhalten im Winter besprochen werden (Informationen hierzu in zahlreichen Tier-Bilderbüchern, im Lexikon oder Internet).

Anmerkung: Eine Auswahl (5 bis 10 Stück) aus folgenden Tieren eignet sich gut: Igel, Hase, Kaninchen, Fuchs, Dachs, Reh und Rehbock, Hirschkuh und Hirsch, Wildschwein, Specht, Eichhörnchen, Marder, Waldmaus, Fledermaus. Eine ideale Vertiefung ist die Gestaltung eines großen Wandbildes auf Tapetenrollen o. ä., auf dem die Tiere im Wald bzw. in der Hecke vorkommen.

Tierbehausungen

Aktionsidee:	gemeinsames Bauen einer Tierbehausung
Ziel:	Beschaffenheit von Naturmaterialien kennen lernen, Förderung der Kreativität, Förderung der Sozialkompetenz
Aktionscharakter:	aktive Gruppen „arbeit"
Ort:	am oder im Wald
Zeitdauer:	mindestens 15 Minuten einplanen – bei großer „Baulust" offen für Verlängerung bis zu 60 Minuten oder länger für diejenigen, die möchten
Sonstige Voraussetzungen:	möglichst viele Zweige und Äste am Waldboden
Kombination:	anschließend: Freies Spiel in der Tierwohnung

Als Anregung sollten den Kindern Tiere vorgegeben werden (z. B. aus der Aktion *„Pirsch"* oder aus einem Waldbilderbuch). Die Kinder werden gefragt, wer ein Haus für ein ... bauen möchte. So finden sich bestimmt ein paar Kinder zusammen (2–4 ist eine gute Gruppengröße). Man kann auch mit der gesamten Kindergruppe gemeinsam eine Tierwohnung bauen.

Anmerkung: Es kommt hier nicht auf eine realistische Nachbildung der jeweiligen Tierbehausung an! Fragen von Seiten der Kinder sollten aber nach eigenem Wissensstand beantwortet werden.

Sehr passend ist auch ein anschließendes Rollenspiel in der Behausung (dafür kann auch beim nächsten Waldbesuch Zeit eingeplant werden).

Rindenabdruck

Aktionsidee:	Baumrindenfrottage
Ziel:	unterschiedliche Struktur von Baumrinden wahrnehmen
Aktionscharakter:	erforschend
Ort:	wo es Bäume (möglichst nur zwei bis drei Arten) mit etwas dickerem Unfang gibt
Material:	Blankopapier und weiche Wachskreiden (ideal sind die Blockkreiden von Stockmar)
Zeitdauer:	10–20 Minuten
Sonstige Voraussetzungen:	trockene Baumrinde
Kombination:	*Unser Baum* (S. 46)

Jedes Kind bekommt ein Blatt Papier. Jeweils zwei oder drei Kinder teilen sich einen Kreideblock.

Das Blatt Papier wird von ein oder zwei Kindern an den Baumstamm gehalten, während ein weiteres Kind mit der Kreide flach über das Papier streicht, so dass sich allmählich die Rindenstruktur durchpaust.

„Findet ihr zwei Bäume mit ganz unterschiedlicher Rinde?" Die Frottagen aller Kinder werden im Anschluss verglichen. „Erkennt ihr, welche Bilder wohl von der gleichen Baumart abstammen?" Mit der ganzen Gruppe können jetzt die ursprünglichen Bäume aufgesucht und mit den Frottagen verglichen werden. Die Kinder sollten die Gelegenheit nutzen, mit den Händen die Rinde nochmals zu ertasten. Sie sollen versuchen, mit Worten zu beschreiben, wie sich die Rinde anfühlt und wie sie aussieht.

Anmerkung: Wichtig ist es, nur zwei bis drei Baumarten anzuschauen, damit sich die Kinder die Unterschiede und Gemeinsamkeiten wirklich merken können. Es reicht auch schon, den Abdruck an nur einer Baumart zu machen (z. B. ein Baum im Hof oder Garten der Einrichtung) und einen weiteren Baum mit gleicher Rinde aufzusuchen. Hierbei lernen die Kinder bereits nach Rindenstrukturen zu unterscheiden! Das Unterscheidungsmerkmal wird so besonders deutlich.

Feuersuppe

Aktionsidee:	wärmende Suppe am Feuer
Ziel:	wie entsteht Feuer; Feuer als Wärmequelle kennen lernen; Feuer löschen
Aktionscharakter:	aktives Tun, später essen
Ort:	Feuerstelle am/im Wald (ideal mit Grillrost, um Topf darauf zu stellen)
Material:	trockenes Holz (evtl. vorher besorgen) – meist findet sich aber auch etwas im Wald, feuerfester großer Topf (kann bei Pfadfindern o. ä. ausgeliehen werden) Zutaten für Suppe (s. u.), Streichhölzer, Zeitungspapier, Holzspäne zum leichteren Anzünden; Plastikbecher und Löffel für die Kinder
Zeitdauer:	für das Feuermachen und bis die Suppe warm ist, sollte man etwa 60 Minuten einplanen
Sonstige Voraussetzungen:	ideal an kalten Tagen

Das Holz für das Feuer wird mit den Kindern gesammelt: so sind die Kinder am Feuer selbst beteiligt; evtl. kann ein wenig trockenes Holz zum leichteren Anfeuern mitgebracht werden. Wenn das Feuer brennt, kommt der Suppentopf darauf.

Bevor es nach Hause geht, muss das Feuer abgebrannt sein oder gelöscht werden – dies vermittelt den Kindern den sicheren Umgang mit dem Element Feuer.

Anmerkung: Die Zeit, bis das Feuer richtig brennt und die Suppe warm ist, kann für die Kinder lang werden, wenn sie nur wenig eigene Ideen haben, im Wald zu spielen; hier ist es gut, ein paar Aktivitäten in Petto zu haben.

Tipp für eine schnelle, einfache Suppe: Man nehme fertige Gemüsebrühe (ohne Natriumglutamat aus dem Biosortiment vertragen es fast alle Kinder) in der Thermoskanne mit. Bevor die Suppe zum Aufwärmen in den Topf kommt, werden noch ein paar Suppennudeln (Buchstabennudeln kommen besonders gut an) in die Thermoskanne gefüllt. Die Nudeln zehn Minuten in der Kanne ziehen lassen. Anschließend wird der gesamte Inhalt noch ein paar Minuten im Topf erwärmt.

Gebackene Esskastanien

Aktionsidee:	Zubereitung gesammelter Esskastanien
Ziel:	Früchte der Natur als Nahrungsmittel erfahren; Geschmackssinn
Aktionscharakter:	Sammeln und Essen
Ort:	Ort, an dem Maronen (= Esskastanien) wachsen; anschließend Feuerstelle draußen oder Küche mit Backofen
Material:	Blech, Messer, (Feuer)
Zeitdauer:	Sammeln: ca. 1 Stunde; Zubereitung: ca. 40 Minuten
Kombination:	*Naturmemory oder Domino mit Waldfrüchten (S. 53f.)*

Mit den Kindern werden Maronen gesammelt. Die Esskastanien werden von den Erwachsenen ca. 1–2 cm lang eingeschnitten und anschließend auf einem Blech ausgebreitet. Auf dem Blech wird etwas Wasser verteilt – ca. 0,5 cm hoch. Jetzt werden die Esskastanien im Ofen bei 200°C etwa 20 Minuten oder direkt auf einer heißen Feuerstelle „gebacken" bis die Schnittstellen der Schalen aufspringen.

Das Schälen ist zwar ein wenig mühsam, doch die leicht abgekühlten Maronen können von den Kindern selbst geschält und gegessen werden.

Holundersirup

Aktionsidee:	Zubereitung gesammelter Holunderblüten
Ziel:	Blüten der Natur als Nahrungsmittel erfahren; Geschmackssinn
Aktionscharakter:	Sammeln, Zubereiten und Schmecken
Ort:	Ort mit Sträuchern des Schwarzen Holunder (idealerweise mit Blüten in „Kinderhöhe")
Material:	Schere, große Schüssel, Zucker, Zitronensaft, Sieb
Zeitdauer:	Sammeln ca. 20 Minuten; Zubereitung 20 Minuten; anschließend über Nacht ziehen lassen

Die Kinder sammeln 6 große oder 12 kleine weiße „Blütenschirme" der Holundersträucher. Sie können abgebrochen oder am besten mit einer Schere abgeschnitten werden.

Die Blüten werden in einer Schüssel mit 500g bis zu 1 kg Rohrohrzucker überdeckt und anschließend mit einem Liter Wasser übergossen. Gut verrühren und anschließend die Schüssel zugedeckt 12 bis 20 Stunden stehen lassen.

Nach der Ruhezeit wird noch mal gut gerührt bis sich der Zucker weitestgehend gelöst hat. Wer möchte, kann dies durch Erhitzen beschleunigen. Schließlich wird die Flüssigkeit durch ein Sieb gegossen und der Saft von zwei Zitronen zugegeben.

Anmerkung: Der so entstandene Sirup schmeckt am besten, wenn er in etwa 10-fach mit Wasser oder Sprudel verdünnt wird: Sehr erfrischend! In einer gut gereinigten Flasche ist der Sirup verschlossen über Monate haltbar.

Holundermarmelade

Aktionsidee:	Marmelade kochen aus Holunderbeeren
Ziel:	Früchte der Natur als Nahrungsmittel erfahren; Geschmackssinn; Wiedererkennen der Beeren
Aktionscharakter:	Sammeln, Zubereiten und Schmecken
Ort:	Ort, an dem Holunderbeeren (idealerweise in „Kinderhöhe") wachsen, Feuerstelle draußen oder Küche
Material:	Marmeladenrezept, Topf, entsprechende Zutaten, (Feuer)
Zeitdauer:	Sammeln ca. 1 Stunde und Zubereitung je nach Rezept
Kombination:	*Naturmemory oder Domino* mit Waldfrüchten (S. 53 f.)

Bitte weisen Sie die Kinder schon zu Beginn dieser Aktion darauf hin, dass die Beeren nur gekocht gegessen werden dürfen. Rohe Beeren können bei manchen Menschen Erbrechen oder Durchfall hervorrufen. Die dies auslösenden Stoffe werden beim Kochen zerstört. Es ist aber nicht dramatisch, wenn doch eine rohe Beere im Magen landet.

Die Kinder sammeln die schwarzen Holunderbeeren. Sie können als Schirm abgebrochen oder mit einer Schere abgeschnitten werden. Nachdem die Beeren von den Stielen entfernt wurden, können sie mit den Kindern als Marmelade verkocht werden.

Anmerkung: Wer nur wenige Beeren findet, kann den Fruchtanteil in der Marmelade mit Äpfeln aufstocken. Sehr lecker!

Der Baum in den Jahreszeiten

Aktionsidee:	Kinder erleben die Jahreszeiten als Baum
Ziel:	zur Ruhe kommen, Jahreszeiten bewusst machen
Aktionscharakter:	Fantasiereise zu zweit
Ort:	ruhiger Ort in der Nähe von Bäumen
Zeitdauer:	ca. 10–15 Minuten

Die Kinder stellen sich paarweise im Kreis auf. Ein Kind verwandelt sich nun in einen Baum mit geschlossenen Augen, während sich das andere Kind dahinter stellt und den Jahreslauf nachempfindet. Machen Sie die Bewegungen zu den Jahreszeiten jeweils vor und stellen Sie sich zu einem Paar dazu. Sie erzählen eine Baumgeschichte – beginnend mit der aktuellen Jahreszeit, z. B.:

Im Frühjahr steht ein Baum im Wald (je nach Situation auch auf der Wiese, o. ä.) *und streckt seine Äste und Zweige mit Blättern in die Luft. Da kommt ein Vögelchen vorbei und baut sich in den Ästen ein Nest* (machen Sie die Bewegung an einem „Baumkind" vor, die von den anderen „Jahreszeitenkindern" an ihren „Baumkindern" nachgeahmt werden – z. B. mit den Fingerspitzen auf der Schulter eines Baumes tippeln). *Sommerwinde bewegen den Baum leicht hin und her* (vorsichtig werden die „Bäume" von den „Jahreszeitenkindern" rechts und links an den Schultern genommen und leicht geschaukelt) *und ein Sommerregen begießt den Baum* (mit den Fingern leicht über den Rücken und auf den Kopf tippen). *Im Herbst schütteln kräftige Stürme den Baum und reißen die Blätter von den Zweigen* (die „Jahreszeitenkinder" zupfen mit den Fingern an den Kleidungsstücken). *Nach dem Herbst kommt ein kalter Winter. Schnee legt sich auf die Zweige* (die „Jahreszeitenkinder" legen die Handflächen mit leichtem Druck auf den Rücken und die Schultern im Wechsel). *Im Frühling wird die Sonne wärmer und wärmer. Der Schnee schmilzt auf den Bäumen* (jetzt streichen die „Jahreszeitenkinder" mehrfach mit den Handflächen den Rücken und die Schultern der „Baumkinder" entlang). *Die ersten neuen Blätter sprießen wieder aus den Zweigen* („Baum- und Jahreszeitenkinder" werden schließlich zurück verwandelt und tauschen ihre Rollen).

Anmerkung: Die Geschichte kann je nach Ausdauer der Kinder beliebig ausgeschmückt werden (Eichhörnchen, die über die Äste springen; Käfer, die in die Rinde bohren; Kind, das sich an den Baum setzt, ...). Schön ist es, die Fantasiereise mit der aktuellen Jahreszeit und Witterung zu beginnen und zu beenden.

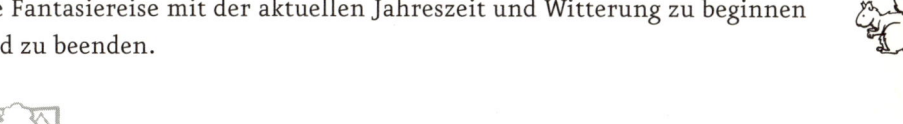

Geheimnisvolle Hecke

Aktionsidee:	künstliche Gegenstände in einer Hecke erkennen
Ziel:	genaue Beobachtung, Tarnung verstehen
Aktionscharakter:	entdeckend, genau beobachtend
Ort:	eine längere Hecke
Material:	ein paar Alltagsgegenstände, z. B. Wäscheklammer, Wollfaden/-band, Schnur, Gabel, ...
Zeitdauer:	ca. 10–15 Minuten

Platzieren Sie in einer etwa 100–200 Meter langen Hecke etwa zehn Alltagsgegenstände – unauffällig, aber doch sichtbar. Nun dürfen die Kinder – wenn möglich, jedes einzeln für sich – die Hecke entlang gehen und versuchen, die Gegenstände zu erkennen.

Im Anschluss gehen Sie mit den Kindern nochmals die Hecke entlang und lassen Sie sich die Gegenstände zeigen. Fragen Sie die Kinder, welche Gegenstände leicht zu erkennen waren und welche schwierig. Der Begriff „Tarnung" kann hier aufgegriffen und somit auch die Tarnung von Tieren verständlich gemacht werden.

Boden

Worum es geht

Der Boden unter uns besteht aus Erde, Sand, Ton, Steinen, Laub, ... und er ist Lebensraum für Tiere, Pilze und Bakterien. Er ist Lebensgrundlage für die Pflanzen und jedes Wachstum. Pflanzen nehmen aus dem Boden auf, was sich dort befindet (Nährstoffe ebenso wie Schadstoffe).

Boden entsteht durch Zersetzungsprozesse organischen Materials. An diesen Prozessen sind Insekten, deren Larven, Würmer, Schnecken und viele andere kleine Tierchen beteiligt. Aber auch Pilze und für uns unsichtbare Bakterien tragen dazu bei, dass aus Laub, Zweigen, toten Tieren etc. wertvoller Humus wird.

Zum Teil tief unter der Humusschicht befindet sich das Grundgestein: Durch die Verwitterung der Steine (durch Wurzeln, Frost, Absturz von weiter oben und auch chemische Prozesse unter der Erde) entstehen Sand, Lehm, Ton und andere Einzelbestandteile – die zuvor fest im Gestein gebunden waren. So kommt es, dass der Boden auf rotem Sandstein neben dem Humus aus Sandkörnern besteht und eine rötliche Farbe hat. Dahingegen hat ein Boden auf Kalkgestein oft einen hohem Lehmanteil (lässt sich also gut kneten).

Für den Anbau unserer pflanzlichen Lebensmittel ist unbedingt ein „guter" Boden erforderlich. Auch tierische Produkte gibt es nur, wenn die pflanzlichen Nahrungsmittel für die Tiere eine Wachstumsgrundlage haben. Selbst wenn die ein oder andere Pflanze heute auch schon auf künstlichem Substrat gezüchtet wird, bleibt der Boden eine wichtige Ressource für Lebensmittel und den Wald.

Was wichtig ist

Kinder nehmen den Boden kaum wahr. Sie kennen z.T. die Blumenerde für Zimmerpflanzen, aber was der Boden ist, wie er entsteht und welche Bedeutung er hat, ist für ein Kind (und viele Erwachsene) nicht so einfach zu durchschauen.

In Kindergarten und Kita sollte den Kindern der Boden als Lebensraum nahe gebracht werden. Schon Kleinkinder haben ein Interesse an Krabbeltieren, die sich in großer Zahl im und auf dem Boden befinden. Kinder können bereits anhand von zersetztem Laub den Umwandlungsprozess von organischem Material zu Humus verstehen.

Die Bedeutung der Bodens für das Wachstum kann ebenfalls schon von den Kindern erfasst werden, weshalb dies unbedingt aufgegriffen werden sollte. Dieses Thema wird im Bereich „Wald/Baum" (siehe *Eichel pflanzen* und *Fantasiereise vom Samen zum Baum*) angesprochen.

Was man machen kann

Um den Boden den Kindern näher zu bringen, wird mit unterschiedlichen Methoden ein Bezug geschaffen. Es geht um die Wahrnehmung des Bodens und seiner Bestandteile mit den Augen ebenso wie um eine taktile Wahrnehmung mit Händen und Füßen. Bei der naturkundlichen Vermittlung steht der Boden als Lebensraum und die Zersetzung im Vordergrund. Das Wachstum kann mit den entsprechenden Aktionen aus dem Kapitel „Wald/Baum" verdeutlicht werden. Weiterhin besteht die Möglichkeit, mit den Kindern ein kleines Beet im Außengelände anzulegen, worauf in diesem Buch aber nicht näher eingegangen wird.

Boden als Baumaterial zeigt sich beim Kneten von unterschiedlichen Böden. Hier hinein passt auch der Lehmofenbau; hierbei können sich die Kinder sehr aktiv mit dem Material Lehm auseinander setzen, da der Lehm u.a. kräftig mit den Füßen gestampft werden muss. Darin können auch Pizza oder Brötchen gebacken werden. Da eine Bauanleitung an dieser Stelle etwas zu umfangreich ist, wird hierfür einschlägige Fachliteratur (Minke 2001) empfohlen.

> **Tipps für die Aktionen zum Boden:**
> Für die Aktivitäten, bei denen eine unbewachsene Erdoberfläche benötigt wird, empfiehlt es sich, eine entsprechende Fläche im Wald zu suchen.

Bodenrahmen

Aktionsidee:	Veränderung in Bodenausschnitt bemerken
Ziel:	visuelle Wahrnehmung/Aufmerksamkeit fördern
Aktionscharakter:	konzentriert, spielerisch
Ort:	gering bewachsene Bodenfläche
Material:	Stöcke
Zeitdauer:	15–20 Minuten
Sonstige Voraussetzungen:	maximal 6 Kinder pro Rahmen (und pro Erzieherin)
Kombination:	eignet sich als Einstieg zum Thema „Boden"

Ein Bodenrechteck ca. 1 m x 1 m (möglichst mit einigen „Auffälligkeiten" wie Zweigen, Blättern, Steinen u. ä.) wird mit Stöcken markiert. Die Kinder setzen sich um dieses Bodenfenster. Nun schließen alle Kinder bis auf eines die Augen. Dieses Kind darf etwas im Bodenfenster verändern (z. B. etwas herausnehmen, verstellen ...). Anschließend öffnen die anderen wieder die Augen und versuchen herauszufinden, was geändert worden ist.

Anmerkung: Um Veränderungen offensichtlicher und damit einfacher erkennbar zu machen, kann auch das Bodenfenster im Vorfeld deutlich mit Gegenständen „präpariert" werden. Diese Gegenstände können von den Kindern gesammelt werden.

Tausendbarfüßler

Aktionsidee:	barfuß verschiedene Bodenoberflächen spüren
Ziel:	taktile Wahrnehmung der Füße aktivieren
Aktionscharakter:	ruhige Wahrnehmungsübung
Ort:	ideal: unterschiedliche Bodenoberflächen (Wiese, Sand, Kiesweg, Waldboden, ...) nah beieinander; Untergrund im Vorfeld auf Scherben o. ä. absuchen!
Material:	evtl. Augenbinden, Handtücher zum Füße Trocknen
Zeitdauer:	20 Minuten
Sonstige Voraussetzungen:	ausreichende Wärme zum Barfußlaufen, mind. eine Erzieherin pro 10 Kinder
Kombination:	eignet sich als Einstieg zum Thema „Boden"

Sie und die Kinder ziehen ihre Schuhe und Socken aus. Die Kinder stellen sich barfuß hintereinander auf und halten sich mit den Händen an den Schultern des Vorderkindes. Das Kind ganz vorne hält sich an Ihren Hüften fest. Führen Sie den so entstandenen „Tausendfüßler" sehr langsam durch das Gelände. Die Kinder werden zuvor darauf hingewiesen, dass sie die Glieder eines „Tausendfüßlers" sind, die selbstverständlich nicht sprechen können! Der „Tausendfüßler" kann aber mit seinen Füßen den Boden sehr gut spüren. So ist die Konzentration auf den Boden verstärkt.

Der „Tausendfüßler" marschiert nun über verschiedene Oberflächen (vielleicht auch durch eine Pfütze!), solange Konzentration vorhanden ist.

Abschließend werden die Kinder gefragt, wie sich der Boden angefühlt hat. Was konnten die Füße erspüren?

Anmerkung: Wenn die Kinder es zulassen, können ihnen auch die Augen verbunden werden. Dies intensiviert das Gespür der Füße für den Untergrund.

Man kann die Kinder abschließend die Stellen suchen lassen, die sie zuvor gespürt haben.

Erdfarben

Aktionsidee:	Farben aus Erde herstellen und damit malen
Ziel:	künstlerische Erfahrung mit Erde machen
Aktionscharakter:	erforschend, künstlerisch
Ort:	ideal: an einem Platz mit unterschiedlich farbigen Erden
Material:	kleine (Tee-) Siebe, Joghurtbecher, Pinsel, Wasser, evtl. Tapetenkleister (siehe Anmerkung) und dickes Malpapier (mind. 120g)
Zeitdauer:	30–50 Minuten
Sonstige Voraussetzungen:	trockenes Wetter

Die Kinder sammeln (nach Möglichkeit trockene) Erde in unterschiedlichen Farben. Die Erde wird in einen Joghurtbecher gesiebt und anschließend mit wenig Wasser zu einer leicht sämigen Masse angerührt (Wasser sehr langsam zugeben, damit es nicht zu flüssig wird). Mit dieser Farbe können flache Steine, Baumstämme etc., aber auch Kindergesichter bemalt werden.

Anmerkung: Wer auf Papier malen möchte, kann der Erde beim Anrühren ein wenig Tapetenkleister zumischen, damit die Farbe besser auf Papier hält.

Wenn es schnell gehen soll oder die Erde sehr feucht ist, kann das Sieben auch ausbleiben; die Erdfarbe haftet dann nicht ganz so gut auf dem Untergrund.

Wer die Pinsel zu Hause vergessen hat, kann auch mit Grashalmen malen.

Kneten

Aktionsidee:	Erde formen
Ziel:	taktile Wahrnehmung fördern, Material Erde erfahren, künstlerischen Ausdruck üben
Aktionscharakter:	praktisches Tun
Ort:	offener zugänglicher Boden/Erde
Material:	siehe Ort
Zeitdauer:	15–30 Minuten
Sonstige Voraussetzungen:	tonige oder lehmige Erde; Sand und vielleicht noch andere „Erden", gekaufter Ton

Die Kinder dürfen ausprobieren, welche Erde sich am besten formen lässt – wie ist es mit Sand, sandiger Erde, Blumenerde, lehmiger Erde, …? Jeweils in feuchtem und in trockenem Zustand versuchen lassen – am besten probieren Sie das vorher auch aus. Wenn das Kind die beste Erde gefunden hat, kann geknetet und geformt werden.

Anmerkung: Als Ton wird Boden bezeichnet, wenn die Größe der Einzelbestandteile maximal 0,02 mm beträgt. Ein Sandkorn hat einen Durchmesser von 0,02 bis 2 mm. Lehmiger Boden hat einen höheren Tonanteil als sandiger Boden. Je höher der Anteil der kleinsten Bestandteile in einer Erdmischung, umso besser lässt sich diese Erde kneten.

Bodenseilgang

Aktionsidee:	Boden mit den Händen erfühlen
Ziel:	taktile Wahrnehmung fördern
Aktionscharakter:	ruhige Wahrnehmungsübung
Ort:	ideal: mit Bäumen und unterschiedlichen Bodenoberflächen (Wiese, Sand, Kiesweg, Waldboden, ...)
Material:	Seil (Paketschnur o. ä.) in etwa 50 Meter Länge; pro Kind eine Augenbinde (die ist auch zum Schutz der Augen vor Zweigen o. ä. wichtig)
Zeitdauer:	bei 5 Kindern etwa 20 min.; Vorbereitungszeit etwa 20 min.
Sonstige Voraussetzungen:	mindestens zwei Betreuungspersonen; Kinder können verbundene Augen ertragen (bei kleineren manchmal schwierig)

Vor dem Spiel wird das Seil gespannt: am Startpunkt festknoten und immer wieder um Bäume (zur besseren Stabilität) binden – knapp über dem Boden bis zu einem Zielpunkt, an dem das Seil wieder festgeknotet werden kann.

Jeweils ein Kind bekommt die Augen verbunden. Es wird jetzt zum Beginn des Seiles geführt; dort bekommt es das Seil in die Hand gelegt. Nun tastet sich das Kind auf allen Vieren am Seil entlang und erfühlt den Boden. Man kann das Kind währenddessen begleiten (v. a. bei jüngeren Kindern sinnvoll) und es bitten, zu erzählen, was es fühlen kann.

Spätestens, wenn alle Kinder den Seilgang vollzogen haben, sollten die Kinder gefragt werden, was sie gespürt haben – alle Kinder dürfen sich den gefühlten Boden im Nachhinein noch einmal anschauen.

Anmerkung: Ideal ist es, diese Übung nur mit einer kleinen Gruppe durchzuführen, damit sich die Kinder nicht durch nahe Abstände zueinander gedrängt fühlen und sie die Ruhe haben, für sich selbst wahrzunehmen. Sollte man mit mehreren Kindern unterwegs sein, kann jeweils ein Kind in Begleitung einer Erzieherin diese Übung abseits der anderen durchführen. Später wird dann gewechselt.

Bodenkunstwerk

Aktionsidee:	Besonderes am Boden entdecken und als Kunstwerk rahmen
Ziel:	zu visueller Wahrnehmung und zu Ausdruck anregen; Boden genau betrachten
Aktionscharakter:	entdeckend, künstlerisch
Ort:	Wald mit kleinen, frei zugänglichen Bodenflächen
Material:	Stöcke vor Ort
Zeitdauer:	10–20 Minuten je nach Kinderzahl

Jedes Kind sucht sich vier etwa gleich lange Stöcke. Jetzt geht es auf die Suche: Wo gibt es ein besonders bemerkenswertes Stück Boden, das einen Rahmen wie ein Kunstwerk bekommen soll? Mit den vier Stöcken rahmt das Kind die Bodenfläche ein. Die Bodenkunstwerke aller Kinder werden im Anschluss gemeinsam besichtigt. Damit es nicht zu langwierig wird, sollten maximal 10 Kunstwerke besucht werden (bei einer großen Kindergruppe kann die Gesamtgruppe geteilt werden, so dass sich jeweils die Hälfte der Kinder die Werke untereinander vorführt). Jedes Kind darf sagen, was es an seinem gerahmten Bodenausschnitt so besonders findet!

Anmerkung: Zusammenfassend kann beim Abschluss auf Vielfalt und Unterschiedlichkeit der Böden (bewachsen, unbewachsen, Blätter, Pilze, Stöcke, Steine ….) hingewiesen werden.

Tasttasche

Aktionsidee:	Gegenstände (vom Boden) durch Tasten erraten lassen
Ziel:	taktile Wahrnehmung fördern
Aktionscharakter:	spannendes Wahrnehmungsspiel
Ort:	nahezu beliebig; es sollten allerdings möglichst viele verschiedene Naturgegenstände am Boden liegen
Material:	Baumwolltaschen
Zeitdauer:	20 Minuten
Kombination:	eignet sich u.a. als Einstieg zum Thema „Boden"

Je zwei Kinder bekommen eine Stofftasche. Sie sollen zwei verschiedene Gegenstände (kein Lebewesen) vom (Wald-)boden heimlich in ihre Tasche tun.
Alle Kinder treffen sich mit den gefüllten Taschen im Kreis. Die Kinder stellen sich abwechselnd auf – ein Kind mit und daneben eines ohne Tasche. Die Kinder mit Tasche dürfen noch einmal hineinschauen, was sich in der Tasche befindet. Jetzt hält jedes Kind die Tasche dem Nachbarkind nach rechts, das mit den Händen – ohne zu „spicken" – in die Tasche greift und die zwei Gegenstände darin ertastet.

So geht es reihum weiter. Wenn die Gruppe nicht zu groß ist, können die Taschen eine ganze Runde machen.

Anmerkung: Die Spielidee lässt sich je nach Gruppengröße oder anderen Rahmenfaktoren dahingehend variieren, dass z.B. (bei sehr vielen Kindern) anstatt im Kreis nur jeweils zu zweit gespielt wird: die Tasche eines Kinderpaares wird von je einem Kind gefüllt und zum Tasten an das andere gegeben; anschließend darf das zweite Kind die Tasche neu füllen und es wird (evtl. mehrfach hin und her) gewechselt.

Steinrhythmen

Aktionsidee:	zwei Steine werden in verschiedenen Rhythmen aufeinander geschlagen
Ziel:	Förderung der auditiven Wahrnehmung und der Rhythmik
Aktionscharakter:	rhythmisches Wahrnehmungsspiel
Ort:	ein ruhiger Platz (draußen), an dem sich Steine finden
Material:	zwei handliche Steine pro Kind
Zeitdauer:	10–20 Minuten
Kombination:	eignet sich u.a. als Einstieg zum Thema Boden; Kombination mit anderen Steinspielen (siehe Kap. „Wasser")

Jedes Kind sucht sich zwei handliche Steine. Die Kinder stellen sich im Kreis auf. Jedes Kind darf nun einen Klopfrhythmus mit den eigenen Steinen präsentieren und alle anderen versuchen mit zu klopfen.

Anmerkung: Die Kinder können dabei auch die Augen schließen. Das Kind, das von der Erzieherin angetippt wird, darf dann den Rhythmus vorgeben. Mit geschlossenen Augen ist die Wahrnehmung der Ohren noch empfindlicher.

Blätterabbau – Bodenentstehung

Aktionsidee:	Laub in verschiedenen Zersetzungsstadien sammeln
Ziel:	Verständnis für Zersetzung/Bodenentstehung schaffen
Aktionscharakter:	erforschend
Ort:	Laub- oder Mischwald
Material:	helle Decke
Zeitdauer:	20 Minuten
Sonstige Voraussetzungen:	Laub am Boden – ideale Jahreszeit Spätherbst (ist aber auch zu jeder anderen Jahreszeit möglich)
Kombination:	als Hinführung zu „Leben im Boden" (S. 83)

Versammeln Sie sich mit den Kindern um eine helle Decke und zeigen Sie ihnen ein welkes Blatt: „Wisst ihr, was mit diesem Blatt passiert, wenn es auf dem Boden liegen bleibt?" Die Kinder werden aufgefordert, Blätter zu suchen, die schon unterschiedlich lange auf dem Waldboden liegen, und diese auf der Decke zu sammeln. Da die Kinder evtl. nur gut erhaltene Blätter sammeln, sollte sich die Erzieherin ebenfalls auf die Suche nach Laub in unterschiedlichen Zersetzungsstadien machen und das ein oder andere stark zersetzte Blatt (z. B. ein bloßes Adergerüst) auf die Decke legen.

Im Anschluss werden die Blätter gemeinsam mit den Kindern nach Alter sortiert (entlang einer Linie oder im Kreis): „Welches Blatt ist wohl als letztes auf den Boden gefallen? Welches liegt schon am längsten hier? Was wird aus dem zersetzten Laub letztendlich?" Die Zersetzungsreihe endet mit einem Häufchen Erde. Werden die Blätter im Kreis gelegt, wird der Kreislauf deutlich: Aus zersetzten Blättern wird Erde, die der Beginn neuer Pflanzen mit grünen Blättern ist.

Anmerkung: Das Laub wird von kleinen Bodentieren wie z. B. Regenwürmern, Schnecken, Insektenlarven (an-) gefressen und von Pilzen und Bakterien im Boden weiter zersetzt. Schlussendlich wird aus dem Laub gute fruchtbare Erde, die wichtige Grundlage für das Wachstum neuer Pflanzen ist. Die Dauer dieses Prozesses ist sehr unterschiedlich und variiert mit der Witterung, aber auch von Baumart zu Baumart (z. B. wird Birkenlaub im Vergleich zu Eichenlaub sehr rasch zersetzt).

Leben im Boden

Aktionsidee:	Untersuchen, was im/am Boden an Kleinstlebewesen lebt
Ziel:	Boden als Lebensraum erfahren; genaue Beobachtung fördern
Aktionscharakter:	erforschend
Ort:	nicht zu sehr bewachsener Erdboden, z. B. im Wald
Material:	Becherlupen, Buch mit Bodenlebewesen oder Bestimmungstafeln
Zeitdauer:	20–40 Minuten
Sonstige Voraussetzungen:	Frühjahr bis Herbst; nicht zu kalte Tage wählen, denn an sehr kalten Tagen ist die Aktivität der Bodelebewesen eingeschränkt (und dann sind diese nicht in oberflächennahen Schichten zu finden)
Kombination:	ideal im Anschluss an „Blätterabbau – Bodenentstehung" (S. 81)

„Wisst ihr, welche Tiere im Boden leben?" Ein kurzes Brainstorming mit den Kindern zu dieser Frage ist eine ideale Einstimmung. Die Kinder werden anschließend aufgefordert, selbst nachzuforschen, sich auf die Suche zu machen: Auf dem Boden, unter Laub, unter und auf Steinen, an Baumstämmen und Baumstümpfen ...

Wer ein Tier näher betrachten möchte, setzt es in eine Becherlupe – so kann es auch anderen gezeigt werden.

Eine Runde, in der jedes Kind ein Tier den anderen beschreibt, regt die genaue Beobachtung und den Ausdruck der Kinder an. In dieser Beschreibung kann z. B. die Farbe, die Anzahl der Beine, ... aufgeführt werden.

„Warum haben die Tiere alle ähnliche Farben?" Vielleicht kommen die Kinder selbst darauf, dass die Tiere so vor ihren Jägern getarnt sind ...

Am Ende sollte den Kindern noch einmal deutlich gemacht werden, wie wichtig diese winzigen Wesen sind: Ohne sie haben wir keine Erde und keine Pflanzen, die darauf wachsen. Deshalb werden die Tiere vorsichtig wieder an ihren ursprünglichen Platz zurück gesetzt.

Anmerkung: Empfehlenswert, um mit den Kindern die Namen von Tieren nachzuschlagen, ist die „Becherlupenkartei" (Dittmann/Köster 2000/ 2004), Karten in DIN A5-Größe mit Zeichnungen und Kurzbeschreibungen der häufigsten Bodentiere.

Wasser/Bach

Worum es geht

Wasser ist ein lebenswichtiges Element. Es geht hier darum, Wasser in der Natur in seinem unterschiedlichen Vorkommen zu erfahren. Wasser kommt für uns alle sichtbar als Regenwasser, als Pfütze, im Bach, im Teich ... in der Natur vor. Der Bach und der Teich, aber auch eine Pfütze sind Lebensraum für Tiere (und Pflanzen). Das Wasser ist in einem stetigen Kreislauf: Wasser, das auf der Erde verdunstet und zum Himmel aufsteigt, kommt von dort als Niederschlag (Regen oder Schnee) wieder zur Erde hinunter. Dieses Wasser dient auch uns – gereinigt durch das Versickern in tiefe Boden- und Gesteinsschichten – als Nahrungsmittel.

Wasser bzw. der Bach oder Teich ist nicht zuletzt auch Lebensraum für zahlreiche Tiere (und Pflanzen). Die Kleintiere im Bach können gut beobachtet werden.

Die Strömungen in einem Bach variieren stark in Abhängigkeit vom Bachbett: es gibt am Ufer und hinter Steinen oder Kurven Stillwasserzonen und andererseits Bereiche, in denen das Wasser schnell voran fließt.

Fließendes Wasser transportiert Schiffe, aber natürlich auch kleine Dinge wie Blätter oder Stöcke. Es gibt kantigen Steinen runde Formen und hat Kraft, um kleine und sehr große Wasserräder anzutreiben.

Was wichtig ist

Nicht nur Kinder im Kindergartenalter lieben es mit Wasser zu spielen. Wasser übt nicht minder auf ältere Kinder und so manchen Erwachsenen eine große Anziehungskraft aus. Durch das Spiel mit dem Wasser erleben die Kinder das Element mit seinen verschiedenen Eigenschaften: Wasser ist nass und in der Natur meist auch kühl. Wasser ist flüssig und unterscheidet sich damit vom Aggregatzustand der meisten anderen Spielsachen. Schon kleinste Kinder lieben es, den Lauf des Wassers durch Stein- und Sanddämme zu lenken. Beim Beobachten der Wasserströmungen im Bach, durch den Bau von Staudämmen und an einem sich drehenden Wasserrad machen die Kinder erste physikalische Erfahrungen mit der Wasserkraft.

Dass im Wasser auch Tiere außer den Fischen leben, ist für die meisten Kinder noch unbekannt; nichtsdestotrotz üben auch die kleinen Wassertierchen eine unheimliche Faszination auf die Kinder aus, sobald die Kinder sie entdeckt haben.

Kinder lernen bei einem Aufenthalt draußen die einzelnen „Stationen" des Wassers im Wasserkreislauf kennen: Regen, Pfützen und anderes Oberflächenwasser, Wolken.

Was man machen kann

Das Element Wasser sollte den Kindern immer wieder in unterschiedlichen Rahmen zur Verfügung gestellt werden, damit sie das flüssige Medium Wasser auch im freien Spiel unter anregenden Bedingungen (wie sie in der Natur meist vorliegen) begreifen können.

Wasser und Wasserkraft in der Natur kann beim Bau von Dämmen, Umleitungen etc. in und an Bächen ebenso erfahren werden wie mit einem Wasserrad, das vom fließenden Wasser zum Drehen gebracht wird. Gerundete Steine im Bach sind ebenfalls Hinweise auf die Kraft des Wassers, die Erwachsene hervorheben können. Das Spiel mit den Steinen ermöglicht den Kindern gleichzeitig, weitere taktile Erfahrungen mit unregelmäßigen Formen zu machen (auch über das „statische" Verhalten beim Bauen).

Der Wasserkreislauf kann den Kindern bei Regenwetter sehr gut vermittelt werden. Nachdem die Kinder Pfützen und Regen praktisch draußen erfahren haben, kann diese Erfahrung mit dem Spiel vom *Wasserkreislauf* (S. 88) vertieft und nachvollziehbar gemacht werden. Dadurch wird auch gezeigt, wie wichtig es ist, das Wasser an jeder Stelle sauber zu halten.

Auf die Verantwortung jedes einzelnen Menschen gegenüber dem Wasser kann auch beim Erforschen der Tiere in Bach hingewiesen werden: Das Leben der Tiere ist nämlich stark von der Beschaffenheit dieses Wassers abhängig. So wie wir Menschen eine saubere Luft um uns herum brauchen – da wir sonst husten und nur schwer Luft zum Atmen bekommen – brauchen auch die Wassertiere eine saubere Umgebung.
Kinder lernen hier den Bach als eigenen Lebensraum kennen; sie können auch die „andere" Lebensweise der Tiere durch das Beobachten von Kiemen erkennen.

> **Tipps für die Aktionen am Bach:**
> Bei der Auswahl des Aktionsfeldes am Bach sollte ein wenig Rücksicht auf die stark bewachsenen Uferzonen eines Baches genommen werden: sie sind ein wertvolles und leider immer rarer gewordenes Biotop (hier leben zahlreiche Insekten und Vögel); bitte für den Aufenthalt mit den Kindern einen kaum oder nur mit niedrigem Gras bewachsenen Bachabschnitt wählen. Es sollte allerdings auch kein künstliches Betonbachufer sein, denn dies vermittelt den Kindern sehr unnatürliche Uferbedingungen.
> Wenn die Gummistiefel hoch genug sind, können die Kinder im Bach stehen. Bei warmen Temperaturen geht dies auch mit Wassersandalen (barfuß ist leider wegen evtl. Glasscherben in den vielen Bächen nicht zu empfehlen).
> Und: Wechselkleidung nicht vergessen.

Regensteine

Aktionsidee:	nach und nach werden je zwei Steine von einem Kind aufeinander geschlagen; es entsteht ein immer stärker werdendes Regengeräusch ...
Ziel:	Sinneswahrnehmung – Hörsinn fördern
Aktionscharakter:	ruhiges Wahrnehmungsspiel in der Gruppe
Ort:	ruhiger Platz
Material:	je zwei handliche Steine pro Kind
Zeitdauer:	10 Minuten
Kombination:	andere Steinspiele, *Wasserkreislauf* (S. 88)

Jedes Kind sucht sich selbst zwei Steine, die es gut aneinander schlagen kann (nicht zu groß und nicht zu klein); dann stellen sich alle im Kreis auf. Wenn das Spiel fertig erklärt ist, schließen die Kinder die Augen. Alle Kinder sind ganz leise. Nur wenn ein Kind von Ihnen an der Schulter angetippt wird, beginnt es die Steine aufeinander zu schlagen. So gehen Sie herum und tippen ein Kind nach dem anderen an (am besten nicht in der Kreisreihenfolge). Wenn alle Steinpaare „in Klopfaktion" sind, tippen Sie die Kinder wieder nach und nach an. Dies ist das Zeichen für „Aufhören zu klopfen". Wenn alle Steine wieder ruhig sind, dürfen die Kinder die Augen öffnen; sie werden gefragt, woran sie das Geräusch erinnert. Die Geräuschentstehung erinnert an einen immer kräftiger werdenden und abklingenden Regenschauer, aber auch an einen an- oder abschwellenden Bach.

Anmerkung: Dieses Spiel ist eine schöne Einstimmung für weiteres „Arbeiten": die Konzentration der Kinder wird hier gesammelt.

Wasserkreislauf

Aktionsidee:	Bewegungsspiel zum Wasserkreislauf
Ziel:	Wasserkreislauf verstehen
Aktionscharakter:	lebhaftes Bewegungsspiel
Ort:	ideal an einem Bach, Fluss, Quelle
Zeitdauer:	10–15 Minuten
Sonstige Voraussetzungen:	bei Regen draußen bzw. in Regenpausen ist es besonders passend; je nach Alter der Kinder wird die einfache oder komplexere Version des Wasserkreislaufes (s. u.) gewählt

Legen Sie sich die Geschichte eines Wassertropfens zu Recht. Die Kinder stehen im Kreis. Die Finger der Kinder werden in Wassertropfen verwandelt. Als Wassertropfen spielen sie gemeinsam mit Ihnen den Wasserkreislauf:

Die Wassertropfen regnen aus einer hohen Wolke zu Boden (die Finger bewegen sich lebhaft von hoch oben bis nach unten auf den Boden); *dort versickern die Wassertropfen in den Boden* (Finger krabbeln am Boden) *und bewegen sich bis zu einem Loch. Hier sprudeln die Tropfen aus der Quelle* (die Finger machen kleine Hüpfer am Boden – das entsprechende Geräusch wird von den Kindern mit den Lippen gemacht). *Die Wassertropfen fließen nun im Bach* (Schwimmbewegungen machen) *immer weiter und weiter mit vielen anderen Tropfen, die von überall her kommen* (die Kinder kommen zusammen und „schwimmen" hinter der Erzieherin in Kurven über die Wiese). *Der Fluss wird immer breiter und langsamer und fließt schließlich mit allen Wassertropfen ins Meer* (dort verteilen sich die Kinder wieder in einen Kreis). *Die Sonne erwärmt das Wasser und die Wassertropfen werden von der Sonne nach oben gezogen* (die Finger bewegen sich wieder nach oben). *Viele Wassertropfen sammeln sich zu einer Wolke* (die Finger vieler Kinderhände treffen sich). *Die Wolke wird vom Wind über Land geblasen und wird immer schwerer; schließlich fallen Regentropfen zum Boden* (die Kinder gehen auseinander und die Finger bewegen sich lebhaft nach unten) …

Der Wasserkreislauf sollte wenigstens zweimal hintereinander gespielt werden, damit die Kinder alle Bewegungen mitmachen können und die Inhalte verarbeitet werden.

Anmerkung: Für die ganz Kleinen kann der Wasserkreislauf noch weiter gekürzt werden: von der Pfütze zur Wolke und über den Regen wieder zur Erde. Der „große" Wasserkreislauf lässt sich so zusammenfassen: Regen fällt auf die Erde; in der Erde versickert der Regen in die Tiefe zum Grundwasser; das Grundwasser tritt in einer Quelle zu Tage. Von der Quelle fließt das Wasser im Bach, der durch weitere Zuflüsse immer größer wird, bis zum Fluss. Der Fluss schließlich mündet ins Meer. Die Sonne erwärmt das Wasser, das dadurch als Wasserdampf aufsteigt. Der Wasserdampf sammelt sich in den Wolken; (die ganz hohen Wolken bestehen aufgrund der dort herrschenden Minustemperaturen aus Eiskörnchen, die erst auf dem Weg nach unten zu Wassertropfen werden). Aus den Wolken fällt der Regen auf die Erde …
Wenn das Wasser oberirdisch in Pfützen verweilt, verdunstet es bei Wärme direkt aus der Pfütze. Wer den Wasserkreislauf schon mehrfach mit den Kindern gespielt hat, kann beide Varianten – Pfützen und Quellen mit Bachläufen – in den Kreislauf einbauen!

Alles im Fluss

Aktionsidee:	Fließverhalten im Bach beobachten
Ziel:	Strömung und ihre Vielfalt erfahren
Aktionscharakter:	erforschend
Ort:	gut zugänglicher Bach
Material:	Stöcke
Zeitdauer:	15–20 Minuten
Sonstige Voraussetzungen:	Gummistiefel/„wasserfeste" Hose oder warme Witterung
Kombination:	die Kinder testen lassen, was sonst schwimmt; mit den Kindern Schiffchen falten oder bauen und diese schwimmen lassen

Am Bach oder auf dem Weg dahin, sammeln die Kinder Stöcke. Nun lassen die Kinder die Stöcke schwimmen. Dann können Sie Fragen wie diese stellen: „Was passiert mit den Stöcken, wo fließen sie besonders schnell, wo langsam, wo bleiben sie hängen, wo drehen sie sich?" – „Wer kann sich in genau derselben Geschwindigkeit wie der eigene Stock neben dem Bach fortbewegen?"

Den Kindern fallen sicher noch weitere Experimente ein. Sie können die Kinder in ihren Ideen und Experimenten unterstützen.

Anmerkung: Am Bach gibt es noch anderes schwimmendes Material. Die Erzieherin kann die Kinder mit der entsprechenden Frage auffordern, auch andere schwimmende Materialien zu entdecken und zu beobachten, was schneller schwimmt: „Ob diese Eichel, dieser Grashalm … wohl auch schwimmen werden?" Wer einen Zahnstocher durch ein Laubblatt in ein Stück morsches Holz steckt, hat ein hübsches Segelschiffchen …
Für gefaltete Papierschiffchen eignet sich Papier, das sich nur langsam mit Wasser voll saugt, z. B. „Elefantenhaut".

Runde Steine – eckige Steine

Aktionsidee:	Steinformen vergleichen
Ziel:	erkennen, dass Wasser Steine rundet
Aktionscharakter:	erforschend
Ort:	Weg zu einem Bach, aus dem mühelos Steine geholt werden können
Material:	zwei Decken (schön wäre, eine davon in blau)
Zeitdauer:	Gehzeit plus 15 Min.
Sonstige Voraussetzungen:	Bach, der schon ein paar Kilometer von der Quelle entfernt ist (damit die Rundungen der Steine auffällig genug sind); Gummistiefel und „wasserfeste" Hose oder warme Witterung
Kombination:	*Steinrhythmen* (S. 81), *Lieblingsstein* (S. 92); dann kann das nachfolgende Angebot angeschlossen werden

Es wird ein Ausflug zu einem nahe liegenden Bach geplant (der Weg sollte nicht an runden Kieseln vorbeiführen); jedes Kind sammelt am Weg zwei Steine. Die gesammelten Steine werden am Bach zusammen auf eine kleine Decke gelegt. Am Bach wird nun jedes Kind aufgefordert, auch einen Stein aus dem Bach zu holen. Die Bachsteine werden ebenfalls zusammen auf eine weitere kleine (blaue) Decke gelegt: Worin unterscheiden sich die Bachsteine von den vorher gesammelten? Woher kommt diese Form? Wer findet den am stärksten gerundeten Stein?

Auf dem Nachhauseweg können die Kinder versuchen, einen ebenso runden Stein am Weg zu finden.

Anmerkung: Fließendes Wasser hat die Kraft, selbst harte Steine zu runden. Je länger der Weg ist, den die Steine im Bach zurücklegen, umso runder sind die entstehenden Formen. Vielleicht besteht die Möglichkeit, bei einem weiteren Ausflug ein Kiesufer eines großen Flusses (bei Niedrigwasser) mit den Kindern aufzusuchen? Hier finden sich in der Regel sehr stark gerundete Steine, da die Steine schon einen langen Weg im Wasser hinter sich haben.

Lieblingsstein

Aktionsidee:	Steine ertasten
Ziel:	Tastwahrnehmung fördern; unterschiedliche Steinstrukturen „be-greifen"
Aktionscharakter:	ruhiges Wahrnehmungsspiel in der Gruppe
Ort:	am Bach (oder auch an einem anderem Ort mit Steinen)
Material:	Körbchen
Zeitdauer:	15–20 Minuten
Sonstige Voraussetzungen:	nicht mehr als 10 Kinder; ab vier Jahre
Kombination:	*Runde Steine, eckige Steine* (S. 91)

Jedes Kind sucht sich aus dem Bach einen „Lieblingsstein". Diese Steine sollen die Kinder genau ertasten und sich einprägen. Jetzt werden alle Steine in einem Körbchen gesammelt. Die Kinder stellen sich in einen Kreis und halten ihre Hände hinter den Rücken. Jedes Kind bekommt nun einen der Steine in die Hände und ertastet diesen. Wer glaubt, den eigenen Lieblingsstein in Händen zu halten, sagt dies und geht mit dem Stein aus dem Kreis heraus. Alle anderen Steine werden nun im Uhrzeigersinn (hinter dem Rücken) weitergegeben und wieder neu ertastet. So geht es weiter, bis voraussichtlich jedes Kind den eigenen Stein wieder in Händen hält.

Im Anschluss dürfen die Kinder ihre Steine wieder betrachten und werden gefragt, woran sie ihre Steine erkannt haben.

Anmerkung: Das Spiel kann auch mit Jüngeren gespielt werden. Den jüngeren Kindern fällt es aber erfahrungsgemäß sehr schwer, nicht zu „spicken".

Bachtiere

Aktionsidee:	Kleintiere im Bach suchen
Ziel:	Bach als Lebensraum – nicht nur für Fische – erfahren; Lebensstadium „Larve" kennen lernen
Aktionscharakter:	erforschend
Ort:	gut zugänglicher niedriger Bach mit natürlichem Bachbett (Steine und Sand am Bachgrund)
Material:	helle Margarine- oder Quarkbecher; Becherlupen, weiche Pinsel, evtl. Bestimmungsbuch /-tabelle bzw. Bildkarten der einzelnen Tiere
Zeitdauer:	20–30 Minuten
Sonstige Voraussetzungen:	Gummistiefel/„wasserfeste" Hose oder warme Witterung

Mit den Kindern wird ein gut zugänglicher niedriger Bach aufgesucht. Nun werden vorsichtig Steine aus dem Bach herausgenommen und mit der Unterseite nach oben gedreht. Bereits beim Anheben des Steines kann der Becher hinter den Stein ins Wasser gehalten werden (so werden weggespülte Tiere gleich aufgefangen). Nun beobachtet man genau die Steinunterseite. Sehr oft finden sich hier Insektenlarven, Bachflohkrebse o. ä. Da die Färbung der Tiere sehr unauffällig ist, sind sie anfangs oft schwierig zu erkennen. Vorsichtig werden die Bachtierchen mit einem Pinsel in den wassergefüllten Becher oder in die Becherlupe zur Beobachtung gesetzt.

Die Kinder können jeweils gleich aussehende Tiere in einen Becher setzen; so entwickeln sie einen Blick für markante Gemeinsamkeiten (die oft für die Bestimmung der Art wichtig sind). Ideal sind Bildkarten, auf denen jeweils eine häufig vorkommende Tiergattung zu erkennen ist; solchen Karten (Dittmann/Köster 2000) können die gefundenen Wesen zugeordnet werden.

Bei der Beobachtung kann man bei manchen Fliegenlarven auch die sich bewegenden Kiemen entdecken. Die Tiere können anschließend mit einem Bestimmungsbuch (Engelhardt 1996) oder Bestimmungsschlüssel (Xylander o. J.) bestimmt werden.

Anmerkung: Die Becherlupen oder Becher mit den Wassertieren sollten möglichst kühl bleiben (nicht in die Sonne stellen), da der Sauerstoffgehalt mit der Erwärmung des Wassers sehr schnell abnimmt und die meisten Wassertiere darauf angewiesen sind, den Sauerstoff aus dem Wasser direkt (mit Kiemen o. ä.) aufzunehmen.

Die Bestimmung der Tiere mit Büchern sollte erst nach dem eigenständigen Ordnen der Kinder erfolgen; dabei beobachten die Kinder noch genauer!

Bildkarten können mit Kopien aus Bestimmungsbüchern leicht selbst hergestellt werden.

Ein Großteil der gefundenen Tiere sind Larven. Mit den Kindern sollten unbedingt Bilder der zugehörigen Insekten gesucht werden, damit sie die Entwicklung von der Larve zum fertigen Insekt (ähnlich der Entwicklung von der Raupe zum Schmetterling) nachvollziehen können.

Auch im Teich können Tiere (andere als im fließenden Wasser) entdeckt werden. Hier wird ein Kescher zum Fangen benötigt. Geben Sie gut acht, dass es nicht zu einem unfreiwilligen Bad kommt und kein Kind sich zu weit nach vorne lehnt.

Pfützentour

Aktionsidee:	Pfützen bemerken
Ziel:	Versickerung/Abdichtung verstehen
Aktionscharakter:	erforschend
Ort:	Spaziergang in der Nähe der Einrichtung bzw. in den Wald
Zeitdauer:	beliebig
Sonstige Voraussetzungen:	von oben bis unten „wasserdichte" Kinder
Kombination:	*Wasserkreislauf* (S. 88) in der einfachen „Pfützenvariante"

Bei Regen oder nach starken Regenfällen finden sich immer wieder Pfützen auf Wegen, im Wald oder im Außengelände des Kindergartens. Wählen Sie eine Spazierstrecke mit ein paar Pfützen aus. Wer findet die nächste Pfütze? An der Pfütze schauen sich alle Kinder die Pfütze genau an. Wer weiß, warum das Wasser hier nicht versickert? Wer kann beim Sprung in die Pfütze am weitesten spritzen (Pfützentiefe möglichst vorher beachten!)? Wo fanden sich die meisten Pfützen – im Wald oder im Ort?

Anmerkung: Pfützen können nur an Stellen entstehen, an denen wenig oder kein Wasser versickert, also z. B. auf asphaltierten Wegen, aber auch auf anderweitig verdichteten Böden (Erdboden verdichtet z. B. durch ständiges Begehen, daher sind die Pfützen im Wald in aller Regel auf Wegen und nicht mitten im Gelände). In einer Mulde sammelt sich außerdem das Wasser der umliegenden Fläche.
Nach den Pfützenspielen unbedingt Hände waschen. In Wasser, das lange steht, können sich Krankheitserreger bilden.

Pfützenleben

Aktionsidee:	in stehendem Wasser nach Lebewesen suchen
Ziel:	erfahren, dass auch in einer Pfütze Leben ist
Aktionscharakter:	erforschend
Ort:	lang stehende Pfütze
Material:	Becherlupen, evtl. Bestimmungsbuch
Zeitdauer:	ca. 15 Minuten pro Pfütze
Sonstige Voraussetzungen:	„wasserfeste" Kinder; im Sommer finden sich die meisten Tiere
Kombination:	Pfützentour (S. 95), man sollte allerdings vor dem Springen nach Lebewesen Ausschau halten ...

In Pfützen, in denen das Wasser schon länger steht, entwickeln sich kleinste Tiere. Nach längeren Regenfällen, die große ausdauernde Pfützen geschaffen haben, geht man mit den Kindern auf Suche. Becherlupen werden durch die Pfütze geführt. Wenn sich die Schwebstoffe abgesetzt haben, lässt sich vielleicht ein kleines Tierchen in der Lupe beobachten. Wer möchte, kann die Tiere auch im Bestimmungsbuch (z. B. Engelhardt 1996) oder ähnlichen Medien (Dittmann/Köster 2000/2004) nachschlagen.

Anmerkung: Es geht hier vor allem darum zu zeigen, dass in einer Pfütze Leben entsteht (z. B. aus den von Insekten wie Mücken abgelegten Eiern). Es geht weniger um die Bestimmung einzelner Lebewesen. Nach den Pfützenspielen unbedingt Hände waschen. Im Wasser, das lange steht, können sich Krankheitserreger bilden.
Auch in einen Eimer Wasser, der ein paar Tage steht, legen die Insekten Eier und in kürzester Zeit entwickeln sich daraus Larven – genau wie in einer Pfütze. In einer Schönwetterperiode im Sommer kann man also durchaus bei der „Mückenzucht" nachhelfen.

Wasser, schüttel' dich

Aktionsidee:	wassergefüllte, verschlossene Dosen durch Schütteln nach Wassermenge sortieren
Ziel:	Geräuschwahrnehmung fördern
Aktionscharakter:	Wahrnehmungsspiel (Hören)
Ort:	beliebig, möglichst ruhig
Material:	je 1 Filmdose pro Kind (s.u.), vier kleine Decken
Zeitdauer:	10 Minuten
Sonstige Voraussetzungen:	vorbereitete Dosen
Kombination:	gute Einstiegsaktion zum Thema „Wasser"; für Ältere können die Dosen auch zur Einteilung von Gruppen verwendet werden

Zuerst müssen Schütteldosen vorbereitet werden. Leere Filmdosen werden in vier Varianten mit Wasser gefüllt: 1 mal ganz voll, 1 mal ganz leer, 1 mal ca. 0,5 cm hoch, 1 mal halb voll. Jedes Kind bekommt nun eine verschlossene Dose, die nicht geöffnet werden darf. Die erste Frage an die Kinder könnte sein: Was ist wohl in den Dosen?
Jetzt sollen die Kinder die Dosen nach Wassermenge sortieren – wie geht das, ohne die Dosen zu öffnen? Alle Dosen mit gleich viel Inhalt werden von den Kindern auf je einer von vier kleinen Decken zusammengestellt.

Anmerkung: Die Dosen können auch mit den Kindern gefüllt werden und anschließend gemischt werden. So haben sie bereits eine optische Vorstellung von den Wassermengen.

Steintürme

Aktionsidee:	Türme aus Steinen bauen
Ziel:	Material „Steine" und „statische Grundgesetze" erfahren
Aktionscharakter:	praktisches Tun – Bauen
Ort:	im oder am Bach
Zeitdauer:	je nach Frustrationstoleranz und Ausdauer der Kinder 15–30 Minuten
Sonstige Voraussetzungen:	warme Temperaturen, Schuhe für den Bach
Kombination:	eine ganze Wasserlandschaft mit Dämmen, Kanälen etc. am Ufer bauen, die mit Türmen verziert werden

Wie schon manche Künstler zuvor, versuchen die Kinder mit Steinen aus dem Bach Steintürme im Bach oder am Rand des Baches zu bauen. Anfangs kann jedes Kind für sich bauen, um eigene Erfahrungen beim Bauen mit Steinen zu machen. Später können sich die Kinder auch zusammentun, um einen gemeinsamen Turm zu bauen. Als Abschluss gibt es eine Vernissage im Steinmuseum!

Anmerkung: Besonders wenn im Bach gebaut wird, ist es spannend, die Steintürme im Laufe der Zeit immer wieder aufzusuchen: Welche Türme haben sich verändert? Auch am Bachufer werden sich die Türme mit der Zeit verändern.

Wasservielfalt

Aktionsidee:	Brainstorming
Ziel:	verstehen, dass Wasser in einem stetigen Kreislauf ist
Aktionscharakter:	ruhig, sprachlich
Ort:	am Bach/Teich
Material:	(durchsichtiger) Becher
Zeitdauer:	10 Minuten
Sonstige Voraussetzungen:	bis zu 15 Kinder; der Wasserkreislauf und das Thema „Wasser im Alltag" (Wo kommt unser Wasser aus dem Wasserhahn her, wo geht es hin?) sollte schon einmal mit den Kindern angesprochen worden sein
Kombination:	ideales Einstiegsspiel am Bach; dazu passt als Abschlussspiel der *Wasserwunsch* (S. 100)

Die Kinder stehen am Bachufer im Kreis. Holen Sie mit einem Becher Wasser aus dem Bach. Jedes Kind überlegt sich nun, wo dieses Wasser vielleicht schon gewesen sein könnte? (Zwei Antwortmöglichkeiten können für das bessere Verständnis der Frage aufgeführt werden, z.B. im Zahnputzbecher der Oma, in einer Wolke.) Jedes Kind, das eine Idee hat, darf den Zeigefinger auf die Nase legen. Wenn alle Zeigefinger auf der Nase liegen, wird der gefüllte Wasserbecher herumgegeben. Jedes Kind, das den Becher in der Hand hat, sagt: „Dieses Wasser war vielleicht schon ..." Anschließend wird der Becher dem nächsten Kind weiter gereicht.

Anmerkung: Sollte die Formulierung der Frage für die Kinder zu schwierig sein, fragen Sie einfach: „Wo überall gibt es Wasser?" Diese Frage wird dann auch jeweils von dem Kind beantwortet, das den Wasserbecher in die Hand nimmt.

Wasserwunsch

Aktionsidee:	„Wünsche für das Wasser" mitgeben
Ziel:	reflektieren, wo das Wasser hingeht und was dem Wasser „gut tut"
Aktionscharakter:	ruhig, sprachlich
Ort:	am Bach/Teich
Material:	(durchsichtiger) Becher
Zeitdauer:	10 Minuten
Sonstige Voraussetzungen:	bis zu 15 Kinder
Kombination:	ideales Abschlussspiel am Bach oder zum Thema Wasser; passt gut zu dem Wasserbecher aus *Wasservielfalt* (S. 99)

Die Kinder stehen am Bachufer im Kreis. Die Erzieherin holt mit einem Becher Wasser aus dem Bach. Jedes Kind überlegt sich nun einen Wunsch, den es dem Wasser auf seinem Weg im Bach mitgeben möchte. Das Kind, das einen Wunsch hat, darf den Zeigefinger auf die Nase legen. Wenn alle Zeigefinger auf der Nase liegen, wird der gefüllte Wasserbecher herumgegeben. Das Kind, das den Becher in der Hand hat, spricht seinen Wunsch aus. Wenn alle Wünsche das Wasser erreicht haben, wird das Wasser im Becher mit allen Wünschen sorgfältig in den Bach geleert.

Anmerkung: Je nach Alter der Kinder, kann die Aufforderung zu den Wünschen auch mit einem Brainstorming eingeleitet werden (Was ist schön bzw. gut für Wasser? Dass es sauber ist, dass Tiere darin leben, dass es uns tränkt, dass es einmal in seinem Leben den Nordpol sieht, ...)

Wasserrad

Aktionsidee:	Wasserrad drehen lassen
Ziel:	erfahren, dass Wasser ein Rad in Bewegung versetzen kann
Aktionscharakter:	experimentell
Ort:	am Wasserhahn, am flachen Bach
Material:	selbst gebautes Wasserrad (a) (Korken, Plastikbecher, Messer, Stricknadel zum Vorbohren, hölzerner Schaschlikstab) – siehe Zeichnung – oder Windrad (b) aus Kunststoff bzw. wasserabweisendem Papier (z. B. Overheadfolie), das mit einer Stecknadel frontal auf einem dicken Stock befestigt wird – siehe Zeichnung.
Zeitdauer:	10–20 Minuten
Sonstige Voraussetzungen:	„wasserdichte Kinder" oder warme Witterung
Kombination:	*Steintürme* (S. 98)

Die Kinder dürfen mit dem Wasserrad experimentieren – zuerst einmal am Wasserhahn im Kindergarten: wie muss das Wasserrad darunter gehalten werden, damit es sich dreht, wie dreht es sich am besten, am schnellsten. Schließlich wird das Wasserrad mit zum Bach genommen und dort ausprobiert.

Anmerkung: Das Wasserrad mit dem Korken (a) ist stabiler, das Wasserrad aus Kunststofffolie (b) kann sogar von den Kindern selbst gebastelt werden.

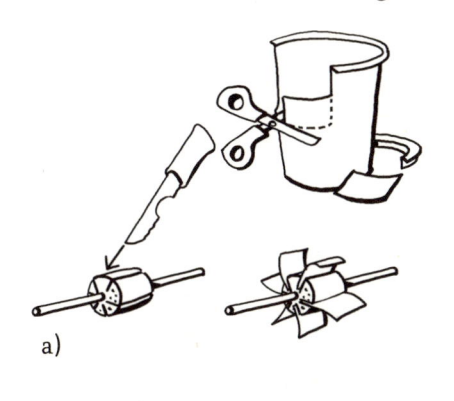

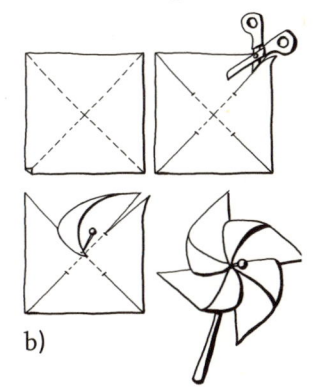

a)   b)

Schneeflöckchen

Aktionsidee:	Schneeflocken beobachten
Ziel:	Formenvielfalt einer Schneeflocke kennen lernen
Aktionscharakter:	beobachtend, erforschend
Ort:	draußen
Material:	schwarzer Tonkarton in Postkartengröße (1 pro Kind)
Zeitdauer:	10–15 Minuten
Sonstige Voraussetzungen:	es schneit
Kombination:	drinnen: Schneeflocken malen

Jedes Kind bekommt einen schwarzen Tonkarton mit folgender Frage übergeben: Was glaubt ihr, wie sieht eine Schneeflocke aus? Die Kinder sollen auf ihrem Tonkarton Schneeflocken sammeln und die Formen betrachten.

Anmerkung: Mit einer dunklen Jacke ist der Tonkarton gar nicht nötig ...
Im Anschluss können die Kinder drinnen auf dunklem (dunkelblau ist sehr schön) Tonkarton mit weißer Kreide oder Buntstift ihre schönsten Schneeflocken aufmalen

Warmer Stein

Aktionsidee:	Schnee schmelzen mit warmem Stein
Ziel:	erfahren, dass Schnee durch Wärme schmilzt
Aktionscharakter:	beobachtend, experimentell
Ort:	draußen
Material:	Thermoskanne (aus Stahl) mit heißem Wasser, ein Stein und ein Becher o. ä. pro Kind.
Zeitdauer:	10–15 Minuten
Sonstige Voraussetzungen:	Schnee
Kombination:	*Wasser frieren* (S. 104)

Vorbereitung: Füllen Sie gesäuberte Steine (diese schon vor dem Entstehen einer geschlossenen Schneedecke sammeln) in eine Stahlthermoskanne mit heißem Wasser (es sollte sich um eine Kanne handeln, deren Inneres nicht beschädigt werden kann).

Draußen gibt jedes Kind eine Handvoll Schnee in einen eigenen Becher. Jetzt bekommen alle Kinder einen Stein aus der Thermoskanne (erst das Wasser ausgießen, dann die Steine raus schütten – darauf achten, dass die Steine für die Kinder nicht zu heiß sind!). Jedes Kind legt den warmen Stein in den Becher mit Schnee und beobachtet, was hier passiert ...

Anmerkung: Man kann auch versuchen, wie viele warme Steine es braucht, um größere Mengen Schnee in einem Eimer zu schmelzen.

Wasser frieren

Aktionsidee:	Wasser bei Kälte frieren lassen
Ziel:	erfahren, dass Wasser bei Frost zu Eis wird
Aktionscharakter:	beobachtend, experimentell
Ort:	draußen
Material:	ein Kunststoffgefäß (Joghurtbecher o. ä.) pro Kind
Zeitdauer:	5–10 Minuten; Wartezeit eine Nacht
Sonstige Voraussetzungen:	frostige Temperaturen; Außengelände am Kindergarten, um den Versuch (mehrfach) über Nacht zu starten
Kombination:	*Warmer Stein* (S. 103)

Jedes Kind füllt sein Kunststoffgefäß mit Wasser. Alle Gefäße werden von den Kindern im Außengelände aufgestellt. Nun kann jeden Tag beobachtet werden, ob das Wasser friert – oder nicht.

Anmerkung: Diese Versuchsreihe kann auch ausgeweitet werden: unterschiedliche Wassermengen, unterschiedliche Standorte (ein Becher nahe der Gebäudewand ist etwas geschützter vor der Kälte als ein Gefäß in freiem Gelände)

Wiese

Worum es geht

Der Lebensraum Wiese ist eine vom Menschen geschaffene Kulturlandschaft. Eine Wiese ist ein verhältnismäßig kurzlebiges Ökosystem, da aus einer Wiese ohne Eingriff des Menschen sehr bald ein Wald entstünde. Wiesen wurden vom Menschen an vielen Stellen durch die Rodung von Wald geschaffen. Auf den entstandenen Freiflächen konnte Gras wachsen, um das Vieh zu nähren. Selbstverständlich können auch unter natürlichen Bedingungen, z. B. auf Sturmwurfflächen für eine gewisse Zeit Wiesen entstehen, die ohne das Zutun des Menschen allerdings auch sehr schnell zu Waldflächen werden.

Die Wiese wird in aller Regel als Futterquelle genutzt. Die Wiese wird entweder direkt von Tieren beweidet (= Weide) oder vom Menschen gemäht (dies ist die Wiese im engeren Sinne). Auf einer Wiese wachsen krautige Pflanzen, d. h. Pflanzen, die keine holzigen Stängel besitzen; hier finden sich Gräser und Blütenpflanzen in unterschiedlichen Farben und Formen. Die Pflanzen bieten Lebensraum für eine Vielzahl von Spinnentieren und locken die Insekten durch ihre Düfte und Farben an: Käfer, Bienen, Raupen, unterschiedliche Spinnen, aber auch Regenwürmer … finden sich hier ein, um Nahrung zu finden. Auch für den Menschen ist die eine oder andere Wiesenpflanze als Nahrung geeignet bzw. dient als Heilpflanze.

Was wichtig ist

Fast alle Kinder lieben Blumen; sehr gerne pflücken sie diese. Nur wenigen Kindern ist die Vielfalt an Blüten oder gar an Gräsern bewusst. Es gibt auf einer – nicht überdüngten – Wiese viele verschiedene Pflanzen zu entdecken.

Die Wiesenpflanzen unterscheiden sich in Farben und Formen und haben zum Teil auch charakteristische Düfte. Dass auch die Zahl der Insekten auf einer Wiese besonders hoch ist, wird den Kindern erst durch entsprechende Beobachtungen klar. Ebenso der Zusammenhang, dass Blüten Nahrungsquellen sind bzw. dass Insekten für die Fortpflanzung vieler Blütenpflanzen verantwortlich sind, wird den Kindern durch das Beobachten der Insekten bei ihrer „Arbeit" bewusst.

Das Verarbeiten von Pflanzen zu Nahrung oder zu einer Salbe macht Kindern besonders großen Spaß und vertieft die Beziehung zu einer Pflanze bzw. das Wiedererkennen derselben.

Was man machen kann

Die Wiese kann mit den Kindern erforscht werden: es gilt verschiedene Blütenpflanzen und Gräser zu entdecken, Insekten auf der Wiese zu beobachten. Dies geschieht mit allen Sinnen. Eine Pflanze wird nach ihrem Duft gesucht (*Was duftet hier?*, S. 124) und die Kinder können nach Formen und Farben die Blütenpflanzen und Gräser sortieren. Hierbei lernen sie wichtige Merkmale einzelner Pflanzen kennen. Auch beim Sammeln einer Pflanze zur weiteren Verwertung als Nahrungs- (*Frühlingssuppe*, S. 107) oder Heilmittel (*Wegerichbalsam*, S. 121 ff.) wird das Augenmerk der Kinder auf die Charakteristik der gesammelten Pflanze gelenkt. Der Name dieser Pflanze prägt sich leicht ein. Durch den Einsatz der Pflanze für den eigenen Nutzen entsteht eine noch tiefere Beziehung zur entsprechenden Pflanze.

Auf einer Schneefläche im Winter lassen sich Spuren entdecken von Tieren, die uns sonst verborgen bleiben, sie lädt aber auch ein, eigene Spuren und Kunstwerke zu schaffen.

Mit einem weißen Tuch können auf die Schnelle zahlreiche Tiere der Wiese sichtbar gemacht werden, aber auch wenn die Kinder selbst in die Käferperspektive (*Käferperspektive*, S. 108) gehen, entdecken sie die unterschiedlichen Käfer und anderen Insekten und Spinnentiere. Kindgemäße Hintergrundinformationen zur Bedeutung der Insekten, die Pflanzen zu bestäuben und damit deren Fortpflanzung sicherzustellen, finden auch bei den Kindern großes Interesse.

Tipps für Aktionen rund um die Wiese:
Sowohl Wiesen als auch Weiden sind darauf angewiesen, dass das Gras und all die anderen Pflanzen aufrecht wachsen (und somit noch gemäht bzw. verzehrt werden können). Deshalb eine Bitte an alle „Wiesenkinder": Betretet nur niedrige Wiesen oder fragt vorher die Besitzer, wenn ihr die Wiese nutzen möchtet.
Nach einem Wiesenbesuch ist es sehr ratsam, die Kinder nach Zecken abzusuchen (bzw. bereits vorher für lange Kleidung und Sonnenhüte zu sorgen). Hier sitzen wesentlich mehr Zecken als im Wald!
Für viele Aktivitäten reicht auch ein schmaler Wiesenstreifen/Ackerrandstreifen, der nicht landwirtschaftlich genutzt wird.

Frühlingssuppe

Aktionsidee:	kochen mit Gänseblümchen
Ziel:	erfahren, dass manche Pflanzen essbar sind; einfache Zubereitung kennen lernen
Aktionscharakter:	kochen
Ort:	Wiese (keine Hundewiese!) mit Gänseblümchen, später Ort mit Kochgelegenheit (oder an einer Feuerstelle)
Material:	Topf und Herd, Gemüsebrühe, Sahne
Zeitdauer:	10 Minuten sammeln
	15–20 Minuten Zubereitung, anschließend essen
Sonstige Voraussetzungen:	ideal im Frühling, da hier die Blümchen am zartesten sind und die Wiesen noch niedrig sind; möglich auch zu jeder anderen Jahreszeit

Zuerst werden den Kindern Gänseblümchen auf der Wiese gezeigt. Jetzt sollen die Kinder die schönsten Blütenköpfe suchen und in einem Körbchen sammeln. Die Blüten werden unter fließendem Wasser (am besten in einem Sieb) abgespült. Anschließend werden die Blütenköpfe in einen Topf gelegt und mit kochendem Wasser (ca. 0,1–0,2 Liter pro Kind) übergossen. Nun kommt noch entsprechend der Menge eine Instant-Gemüsebrühe (möglichst ohne Geschmacksverstärker aus dem Biosortiment, damit es alle Kinder vertragen) hinzu und man lässt alles kurz aufkochen. Die fertige Suppe wird auf dem Teller mit einem Schuss Sahne abgeschmeckt! Guten Appetit.

Anmerkung: Wertvoll ist es, die Kinder an möglichst allen Arbeitsgängen teilhaben zu lassen – auch wenn es etwas länger dauert. Es schmeckt den Kindern einfach besser, wenn sie selbst an der Zubereitung beteiligt waren.

Käferperspektive

Aktionsidee:	auf „Käfers" Spuren
Ziel:	Details in der Wiese beobachten
Aktionscharakter:	erforschend
Ort:	Wiese – noch nicht zu hoch gewachsen
Material:	leere Klopapierrollen
Zeitdauer:	10–15 Minuten
Sonstige Voraussetzungen:	trockene Wiese
Kombination:	Wiesenbild im Anschluss

Alle Kinder verwandeln sich in kleine Käfer und gehen in „Krabbelposition". Sie bekommen eine Klopapierrolle und dürfen jetzt durch die Wiese krabbeln. Mit dem „Klorollennahglas" können die kleinen Käfer die Wiese ideal aus der Nähe beobachten. Wenn alle Kinder wieder beisammen sind, wird erzählt: „Was bzw. wen habt ihr entdeckt?"

Anmerkung: Eine Wiese lässt sich in vier Stockwerke aufteilen: Unter der Erde sind die Wurzeln und hier leben z. B. Regenwurm, Maulwurf und Insektenlarven. Auf der Erde (die durch die Pflanzen geschützt, feucht und kühl ist) leben Käfer, Schnecken und vielleicht auch ein Frosch. Im darüber liegenden Blätter- und Stängelstockwerk finden sich Tiere wie Grashüpfer, Schmetterlingsraupen, Blattläuse, Marienkäfer (und deren Larven) und andere, die sich von den Pflanzen ernähren. Ganz oben im Blütenstockwerk leben vor allen Dingen die Tiere, die Nektar oder Blütenpollen sammeln: Bienen, Schmetterlinge und verschiedene Käfer. Wie wäre es, mit den Kindern ein großes, langes Wiesenbild mit allen Stockwerken auf einer alten Tapetenrolle zu malen?

Grün, grün, grün ...

Aktionsidee:	Grüntöne erkennen/sammeln
Ziel:	Vielfalt der Farbe Grün bewusst wahrnehmen
Aktionscharakter:	erforschend, ruhig
Ort:	Wiese
Material:	Decke und/oder helles Papier, Geschichte
Zeitdauer:	10–15 Minuten

Versammeln Sie sich mit den Kindern um eine Decke am Wiesenrand und denken Sie mit ihnen über folgende Frage nach: Welche Farbe hat die Wiese? Anschließend werden die Kinder aufgefordert, viele verschiedene Grüntöne zu suchen (bitte kleine „Portionen") und auf die Decke zu legen. Gemeinsam können die Grüntöne von hell nach dunkel als Kreisskala gelegt werden

Anmerkung: Die nachfolgende Geschichte von Flora und Theo, den beiden Honigbienen, ist eine ideale Einstimmung zum Grün-Sammeln. Auch das Lied „Grün, grün, grün sind alle meine Kleider" passt hier!
Den Größeren kann im Anschluss an dieser Stelle auch vereinfacht die Fotosynthese erklärt werden: der Farbstoff Grün (in der Fachsprache auch „Chlorophyll") verarbeitet das Kohlendioxid aus der Luft und das Wasser aus der Erde zu Energie (so wie wir Menschen essen und trinken, um z. B. laufen oder wie die Kinder wachsen zu können). Dabei entsteht zusätzlich noch Sauerstoff, den wir und alle Tiere zum Atmen brauchen. Bei uns Menschen und den Tieren entsteht beim Ausatmen Kohlendioxid, das wiederum die Pflanzen nutzen können.

Flora und Theo, die beiden Honigbienen

„Ach, wie schön ist diese Welt", summte die kleine Biene Flora vergnügt vor sich hin. Es war ein duftender Frühlingsmorgen und sie flog über ihre Wiese mit den weißen Gänseblümchen, den blauen Veilchen und den vielen anderen Blumen. Weiter hinten leuchteten das gelbe Rapsfeld und die rosa blühenden Kirschbäume herüber.
„Welchen Nektar soll ich denn heute zuerst genießen?", fragte sie sich voller Vorfreude und flog dann in das gelbe Rapsfeld. Sie sammelte die gelben, duftenden Pollen ein und ließ dabei die Sonne auf ihre Flügel scheinen. Plötzlich fiel ihr ein, dass ihr Freund Theo sie heute besuchen wollte – und sie machte vor Freude einen Looping.
Nachdem sie noch ein bisschen Nektar auf Feld und Wiese gesammelt hatte, flog Flora zu dem Kirschbaum am Wegesrand, wo sie mit Theo verabredet war. Er saß dort schon auf einem Zweig und wartete auf sie.
„Hallo, Theo!"
„Hallo, Flora!"
„Ist das nicht ein herrlicher Tag?", meinte Flora. „Komm, ich zeig dir die Wiese. Da sind wieder ganz neue Blumen gewachsen.

Sie flogen über die Kirschbäume zur Wiese und ließen sich dort auf einer ganz besonders schönen lilafarbenen Blume nieder. Sie plauderten ein bisschen:
„Wann kommst du endlich mal mich besuchen?", fragte Theo.
„Ach, Theo, hier auf der Wiese ist es so schön und bunt. Dein Wald ist doch langweilig."
„Das ist gar nicht wahr!", rief Theo empört. „Du warst ja noch nie bei mir im Wald."
„Der Wald ist einfach nur grün", meinte Flora daraufhin.
„Ich zeige Dir, dass das nicht stimmt!", sagte Theo ein wenig beleidigt.
„Also gut, morgen besuche ich dich", meinte Flora versöhnlich.

So trafen sie sich am nächsten Morgen bei einem Holzstapel am Waldrand.
„Jetzt mach erst mal die Augen zu", schlug Theo vor, „dann fliege dicht hinter mir her und riech mal!" Flora schloss die Augen und folgte Theo. Mit einem Vorderbein hielt sie sich an ihm fest. So konnte sie sich ganz aufs Schnuppern konzentrieren – es roch nach Holz und Tannennadeln. Flora musste zugeben: Das war ein sehr angenehmer Duft!

„Und jetzt schau dich mal um. Gibt es hier nur ein Grün?"
Theo schlug ein Spiel vor. Er landete auf einem Blatt und Flora musste ein Blatt finden, das genauso grün war, aber nicht vom gleichen Baum stammte.
„Hier, das Gras ist genauso grün", Flora war auf einem Grasbüschel gelandet.
„Nein, das ist ein bisschen dunkler", meinte Theo.
„O.K., aber das kleine Blatt hier an dem Busch ist genauso grün."
„Stimmt", meinte Theo, *„jetzt bist du dran."*
So spielten sie noch eine Weile *„Grün finden".* Und später spielten sie Verstecken. Flora fand es toll, wo man sich hier überall verstecken konnte.

„Wenn du willst, zeige ich dir jetzt noch meinen Waldnektar", schlug Theo vor. Flora war gespannt, wohin Theo sie führen würde und sie flogen los. Nach einem kurzen Flug landete Theo auf einer hohen Tanne.
„Hier oben auf dem Baum?", wunderte sich Flora. *„Hier gibt es doch gar keine Blüten …"*
„Für unseren Waldhonig sammele ich den Pflanzensaft auf den Bäumen", erklärte Theo. Da sah Flora ganz viele Läuse auf den Tannennadeln sitzen. *„Igitt, was machen denn die Läuse da?",* ekelte sich Flora. *„Fressen sie dir deinen Nektar weg?"*
„Im Gegenteil, die Läuse helfen mir", antwortete Theo. *„Sie stechen in die Nadeln oder Blätter der Bäume. So kommt der süße Pflanzensaft aus dem Baum heraus und ein paar Tröpfchen bleiben immer hängen. Die sammeln wir Waldbienen."*
Flora kostete ein bisschen: *„Nicht schlecht, euer Pflanzensaft aus dem Wald."*
Theo lachte: *„Vielleicht kommst du mich ja jetzt öfter besuchen …"*
„Ja, gerne", meinte Flora, *„aber nun muss ich zurück auf meine Wiese."*
Sie verabschiedete sich und flog über den Wald zurück. Dabei sang sie: *„Grün, grün, grün sind alle meine Kleider, weil mein Schatz … eine Honigbiene ist."* Sie kicherte: *Dabei ist Theo gar nicht grün, aber sehr nett, finde ich!"*

© Eva Brandt

Gras ist nicht gleich Gras

Aktionsidee:	Gräser sammeln
Ziel:	Gräservielfalt erkennen
Aktionscharakter:	erforschend, ruhig
Ort:	Wiese
Material:	Decke
Zeitdauer:	10–15 Minuten
Sonstige Voraussetzungen:	eine Wiese mit Gräsern

Versammeln Sie sich mit den Kindern um eine Decke am Wiesenrand und überlegen Sie mit ihnen: Was wächst auf einer Wiese? Warum wachsen hier keine Bäume? Wie sieht Gras aus? Zeigen Sie den Kindern ein Gras und regen sie an, nach weiteren anderen Gräsern zu suchen, die auf der Decke sortiert werden. So können die Kinder erkennen, dass es viele unterschiedlich aussehende Gräser auf der Wiese gibt.

Anmerkung: Im Nachhinein kann ein Gräserbestimmungsbuch (Aichele/Schwegler 1998) angeschaut werden. Im Anhang dieses Buches finden sich auch einige Abbildungen von Gräsern, die häufig auf Wiesen stehen.

Farbtopf

Aktionsidee:	Blütenfarben sammeln
Ziel:	Farben kennen lernen
Aktionscharakter:	erforschend, ruhig
Ort:	Wiese
Material:	Decke und/oder helles Papier
Zeitdauer:	10–15 Minuten
Sonstige Voraussetzungen:	Blütenpflanzen auf der Wiese

Versammeln Sie sich mit den Kindern um eine Decke am Wiesenrand. Die Geschichte von den beiden Honigbienen kann auch hier als eine ideale Einstimmung genutzt werden. Fragen Sie dann die Kinder: Welche Farben erkennt ihr auf der Wiese von hier aus? Anschließend werden die Kinder aufgefordert, viele verschiedene Farben zu suchen (bitte kleine „Portionen") und die entsprechenden Naturmaterialien auf die Decke zu legen. Gleiche Farben sollen zusammengelegt werden. Vielleicht gelingt es sogar, eine Farbskala mit Abstufungen und Übergängen zu kreieren?!

Anmerkung: Jedes Kind kann auch die Blütenblätter für sich auf ein Papier kleben (mit Klebestift) und das Bild mit grüner Farbe aus ausgedrückten Gräsern ergänzen (mit den Fingern fest aufs Blatt drücken).

Fragen Sie die Kinder, warum es verschiedene Blütenfarben gibt. Unterschiedliche Insekten mögen unterschiedliche Farben (und Düfte) und die Insekten sorgen dafür, dass durch Bestäubung frische Samen entstehen und die Verbreitung der Pflanzen gewährleistet ist.

Was krabbelt da?

Aktionsidee:	Krabbeltiere beobachten
Ziel:	Entdecken von Krabbeltieren auf der Wiese, genaues Beobachten
Aktionscharakter:	erforschend
Ort:	Wiese
Material:	weiße Decke (altes Laken o. ä.); evtl. Becherlupe
Zeitdauer:	15–30 Minuten
Sonstige Voraussetzungen:	warme trockene Witterung
Kombination:	Bienchen (S. 120)

Fragen Sie die Kinder: Wisst ihr, welche Tiere in der Wiese leben? Lassen Sie die Kinder aufzählen. Mit einer weißen Decke lassen sich viele Insekten gut sichtbar machen. Die Kinder breiten eine weiße Decke auf der Wiese aus. Nach nur wenigen Minuten wird die Decke von Krabbeltieren aller Art bevölkert sein. Können die Kinder schon die Zahl der Beine zählen? (Jedes Insekt hat 6 Beine; Spinnentiere haben 8 Beine.) Jedes Kind darf sich für ein Tier einen zum Aussehen passenden (!) Namen ausdenken. Dies schult die genaue Beobachtung.

Anmerkung: Mit den Kindern kann auch besprochen werden, aus welchem Grunde sich die Insekten auf der Wiese aufhalten (Suche nach Nahrung wie Pollen und Nektar, Eiablage – die Raupe, die aus dem Ei schlüpft, hat dann gleich leckere Gräser und Blätter zu fressen).

Blüten- und Blätter-Rennen

Aktionsidee:	schnell eine bekannte Pflanze erkennen
Ziel:	(bekannte) Blüten erkennen und benennen können
Aktionscharakter:	spannendes Reaktionsspiel
Ort:	Fläche draußen (evtl. auch in großem Raum)
Material:	Pflanzen (-teile), die den Kindern bekannt sind; mehrere Tücher
Zeitdauer:	10 Minuten
Sonstige Voraussetzungen:	Kinder kennen die Blüten; max. 10 Kinder

Eine große Spielfläche wird in zwei Hälften unterteilt (z. B. 20 x 10 m); auf beiden Seiten werden entlang der Mittellinie Tücher ausgelegt (immer zwei gegenüber). Auf jedem Tuch befindet sich je eine Pflanze oder ein/e Blatt/Blüte davon – auf den gegenüberliegenden Tüchern soll jeweils der gleiche Gegenstand liegen. Die Kinder werden in zwei Gruppen aufgeteilt, die jeweils an der Grundlinie ihrer Hälfte sitzen (oder stehen).

Nun nennen Sie zwei Namen (ein Kind aus jeder Gruppe) und einen Gegenstand (z. B. Löwenzahnblatt). Welches Kind ist zuerst zum richtigen Tuch gerannt, gekrabbelt, gekrochen, gehüpft ...? Die Fortbewegungsart kann variiert werden und sollte an die Größe des Spielfeldes angepasst sein.

Anmerkung: Als Pflanzen eignen sich Gänseblümchen, Löwenzahn (Blätter und Blüten), Wegerich (Blätter und Blüten), Klee (Blätter und Blüten), Wiesenschaumkraut und was den Kindern sonst bekannt ist.
Als Variation kann auch bei einer großen Fläche die ganze Gruppe statt eines Kindes zum richtigen Tuch laufen. Beim Aufbau muss dann auf ausreichende Abstände zwischen den Tüchern geachtet werden.

Wer findet den Wurm?

Aktionsidee:	wie eine Amsel nach Regenwürmern (Zahnstocher) für die Amselkinder suchen
Ziel:	genaues Beobachten, Begriff und Sinn von Tarnung verstehen, Nachempfinden der Fütterung von Jungen
Aktionscharakter:	spannendes Bewegungsspiel
Ort:	niedrige Wiesenfläche
Material:	rote, blaue, naturfarbene, grüne, gelbe Zahnstocher (mit Lebensmittel- oder Ostereierfarbe im Wasserbad gefärbt); für je 2 Kinder ein Gefäß (symbolisiert Vogelnest)
Zeitdauer:	20 Minuten
Sonstige Voraussetzungen:	evtl. den Kindern schon im Vorfeld über Vogeljunge, Vogelnest etc. erzählen
Kombination:	*Vogelhochzeit* (S. 125)

Auf einem Wiesenstück von etwa 50 Meter Länge (Breite je nach Spielerzahl) werden 100 „Regenwürmer" (= Zahnstocher, je 20 einer Farbe) verstreut. Je zwei Kinder bilden ein Vogelpaar und stellen sich gemeinsam an der Grundlinie (mit ihrem Nest) auf. Während ein Vogel im Nest bleibt und (piepsend!) auf die Jungen aufpasst, macht sich der Vogelpartner auf die Suche ins Spielfeld nach einem Regenwurm; sobald er einen Wurm hat, bringt er ihn ins Nest (in den Schnabel passt wirklich nur ein einziger Wurm). Jetzt geht der andere Vogel auf Regenwurmsuche. Es kann gespielt werden, bis die meisten Zahnstocher gefunden sind und solange es den Kindern noch Freude macht.

Im Nachhinein werden die Kinder gefragt: War die Regenwurmsuche anstrengend? Konntet ihr die Regenwürmer gut finden? Welche Farbe konntet ihr am besten sehen? (Vermutlich sehen die Kinder Rot gut, Grün weniger gut, Blau recht gut.) Glaubt ihr, es ist einfach einen braunen Regenwurm auf der Wiese oder auf braunem Boden zu sehen?

Anmerkung: Der Begriff „Tarnung" kann mit diesem Spiel gut verständlich gemacht werden. Fallen den Kindern noch andere Tiere ein, die gut getarnt sind?
Vielleicht gibt es in Ihrem Repertoire noch ein Fingerspiel zur Vogelfütterung, womit sich diese Aktion verbinden lässt.

„Ich kenne ein Tier, das wohnt in der Wiese und ..."

Aktionsidee:	Tier erraten
Ziel:	Tier anhand Beschreibung erkennen (noch mehr über Aussehen, Lebensweise etc. erfahren)
Aktionscharakter:	Rätsel
Ort:	beliebig
Zeitdauer:	10–15 Minuten
Sonstige Voraussetzungen:	Tier sollte den meisten Kindern bekannt sein
Kombination:	ideal nach der Aktion *„Was krabbelt da?"* (S. 114)

Erklären Sie den Kindern, dass sie ein Tier erraten sollen: Wer das Tier weiß, legt ganz leise den Finger auf seine Nase und ist mucksmäuschenstill!
Nun umschreiben Sie ein Tier, z.B.: *Ich kenne ein Tier, das wohnt in der Wiese.*

Das Tier kann fliegen. Es frisst sehr gerne Blattläuse. Das Tier ist so klein, wie ein Fingernagel. Es hat zwei kurze Fühler. Viele Menschen mögen das Tier. Das Tier hat sechs Beine (ist also ein Insekt) ... Das Tier ist ein Käfer. Der Käfer hat rote Flügel. Auf den Flügeln sind schwarze Punkte. – Die Umschreibung sollte immer detaillierter werden, bis alle Kinder den Finger auf der Nase haben. Auf Kommando dürfen alle ganz laut, den Namen des Tieres rufen: „Marienkäfer".

Anmerkung: Idealerweise wissen die Kinder bereits vorher einiges über das gesuchte Tier (z. B. durch Beobachtungen, aus einem Bilderbuch o. ä.) und Sie haben noch ein paar Details in Erfahrung gebracht, die den Kindern durch das Rätsel vermittelt werden können. Weitere vermutlich bald bekannte Tiere: Ohrenkneifer, Regenwurm, Bodenspinne, ...

Wiesenmemory

Aktionsidee:	Wiederfinden von Pflanzen
Ziel:	schnelles genaues Beobachten/Erkennen von Pflanzen
Aktionscharakter:	aktiv, spannend
Ort:	draußen
Material:	Decke; drei Naturgegenstände (z. B. Regenwurmkothäufchen, Blüte, Blatt u. ä.) vom Spielort
Zeitdauer:	15 Minuten
Kombination:	ideales Spiel zum Einstieg

Auf die Hälfte einer Decke werden drei Gegenstände gelegt, die mit der anderen Hälfte der Decke zugedeckt werden (die Kinder dürfen die Gegenstände noch nicht sehen). Alle Kinder stellen sich um die zugedeckte Decke und werden aufgefordert, gut acht zu geben: Wenn die Decke geöffnet wird, werden ganz kurz drei Gegenstände sichtbar. Die Gegenstände werden nach etwa zehn Sekunden wieder zugedeckt. Wer kann nach dem Zudecken drei solche Gegenstände in der Umgebung finden und mitbringen? Die gefundenen Gegenstände werden mit denen unter der Decke verglichen (die jeweils passenden zueinander legen) und anschließend gemeinsam besprochen und erläutert.

Anmerkung: Je nach Alter der Kinder (bei den Jüngsten) kann sich auch nur ein einziger Gegenstand unter der Decke befinden. Es kann dann eine zweite Spielrunde mit einem weiteren Gegenstand angeschlossen werden.

Wiesenwechsel

Aktionsidee:	Platztausch im Stuhlkreis verbunden mit Begriffen aus dem Ökosystem Wiese (auch bekannt unter dem Titel „Obstsalat")
Ziel:	Vertiefung der Lebensgemeinschaft Wiese
Aktionscharakter:	aktives Reaktionsspiel zum Mitdenken
Ort:	Sitzkreis draußen oder Stuhlkreis im Raum
Material:	Sitzunterlagen bzw. Stühle (Anzahl entspricht Kinderzahl), evtl. Bilder/Poster der Tiere, Pflanzen
Zeitdauer:	10 Minuten
Sonstige Voraussetzungen:	die Kinder sollten das Ökosystem Wiese bereits kennen gelernt haben, damit sie eine Vorstellung der Tiere und Pflanzen haben; mindestens 10 Kinder
Kombination:	nach einer „Wieseneinheit"

Die Kinder sitzen im Kreis auf Sitzunterlagen bzw. Stühlen. Teilen Sie je drei und mehr Kindern einen Begriff zu, d. h. ein typisches Wiesentier oder -pflanze zu (Gras, Marienkäfer, Spinne, Regenwurm, Schnecke, Löwenzahn, Gänseblümchen oder was die Kinder zuvor auf der Wiese entdeckt haben). Für die Jüngeren bis 4 Jahre reichen 2–3 Begriffe, bei den Vorschülern dürfen es auch bis zu 6 Begriffe sein. Stellen Sie sich in die Mitte des Kreises und rufen einen der Begriffe. Alle Kinder mit diesem Begriff müssen jetzt die Plätze tauschen; währenddessen versuchen auch Sie Erzieherin einen leeren Stuhl zu erwischen. Wer übrig bleibt, darf in die Mitte und einen weiteren Begriff rufen … Wird der Begriff „Wiese" gerufen, müssen alle Mitspieler die Stühle wechseln.

■ Naturpädagogisch Aktiv

Bienchen

Aktionsidee:	Beobachten einer Blüte
Ziel:	Kennenlernen der Blütenbestandteile, erstes Verständnis der Bestäubung
Aktionscharakter:	ruhig, erforschend
Ort:	Wiese bzw. Rosenhecke
Material:	eine Rosenblüte ist wegen ihrer Größe ideal, aber es geht auch mit Wiesenschaumkraut, Wiesenstorchschnabel oder einer andere Pflanze mit einfach aufgebauter Blüte (z. B. auch Butterblume, ist allerdings giftig); toll wäre ein Binokular zur vergrößerten Betrachtung
Zeitdauer:	15–20 Minuten
Sonstige Voraussetzungen:	für Vorschüler; blühende Rosen oder Wiesenpflanzen
Kombination:	Geschichte von den beiden Honigbienen (S. 110 f.)

Jedes Kind verwandelt sich in ein Bienchen und bekommt eine eigene Blüte. Was suchen die Bienen in der Blüte? (Den Blütenpollen) Wer kann den Pollen in der Blüte entdecken?

Pollen sind winzige – meist farbige – Staubkörnchen, die an dünnen Stängeln = „Staubblätter" hängen. Bienen fliegen oft mitten in eine Blüte hinein. Die verwandelten Bienen dürfen ihre Nase in die Blüte stecken. Und wie bei den Bienen auch, bleibt da ein farbiger Staub an der Nase hängen. Die Bienen fliegen mit diesen Pollen in den Bienenstock und können daraus Honig machen ... Wenn eine Biene von Blüte zu Blüte fliegt, bleibt ein Teil des Pollens der ersten Blüte an der Narbe einer anderen Blüte hängen. Können die Kinder die Narbe in ihrer Blüte erkennen? Wenn der Pollen auf die Narbe gelangt, kann ganz unten in der Narbe ein Same wachsen. Und was kann später aus dem Same wachsen? ...

Anmerkung: Ein passender Abschluss ist der gemeinsame Genuss von Honigbrot.

Wegerichbalsam

Aktionsidee:	ein Balsam herstellen
Ziel:	kennenlernen der Heilwirkung von Pflanzen anhand des Wegerichs, Umgang mit dem Messer üben, Pflanzen unterscheiden
Aktionscharakter:	ruhig, praktisch
Ort:	Wegerichplätze (keine Hundewiese …) und später Ort mit Kochgelegenheit
Material:	siehe Rezept; Sammelgefäß, Messer für die Kinder
Zeitdauer:	15 Minuten sammeln, 30 Minuten fertig stellen im Kindergarten
Sonstige Voraussetzungen:	für Kinder ab 4

Der Breitwegerich wird den Kindern genau gezeigt. Die Kinder können die starken Adern auf der Blattrückseite spüren. Für die Herstellung eines Balsams sind die schönsten (junge unversehrte) Blätter gerade gut genug! In einem Körbchen sammeln die Kinder Wegerichblätter, die gleich im Anschluss verarbeitet werden.
Es kann für jedes Kind ein kleines Döschen von 10 ml (erhältlich in der Apotheke) gefüllt werden.

Anmerkung: Der Wegerich wächst (wie der Name schon sagt) an Wegrändern bzw. an Orten, an denen gegangen wird (also auch auf Wiesen). Er ist besonders gut an den fühlbaren Adern auf der Blattrückseite erkennbar. Wegerichsaft hilft sofort gegen Juckreiz bei Brennnessel- oder Mückenstichen (wenn das Blatt stark zusammengedrückt und auf dem Stich verrieben wird, tritt ein wenig Saft dort aus).

Wegerichbalsam

... hilft zur Linderung von Juckreiz
bei Insektenstichen oder Brennnessel-
„verbrennungen"

Zutaten
30 ml Öl
(am besten kalt gepresstes Olivenöl)
3 g Bienenwachs
3 g Wegerich

Ein Holzbrett wird vor dem Schneiden angefeuchtet, damit die Wirkstoffe nicht in das Holz einziehen. Wegerich mit einem scharfen Messer auf dem Brett möglichst fein schneiden.

Der feingeschnittene Wegerich wird zusammen mit dem Öl im Topf erwärmt, bis leicht Bläschen aufsteigen. **Nur ganz langsam und vorsichtig erhitzen,** damit die Wirkstoffe gut erhalten bleiben.

Das ganze durch ein feines Tuch (z. B. Baumwollgeschirrtuch) abseihen. Das so „gefilterte" Öl wieder in den Topf geben.

Bienenwachs in ganz kleinen Portionen hinzugeben. Wenn das Wachs geschmolzen ist, den Topf vom Herd nehmen.

Unter ständigem Rühren erkalten lassen, bis der Inhalt milchig trüb wird und ein Wachsrand sich allmählich absetzt.

Jetzt wird die Lösung schnell in die vorbereiteten ganz sauberen Döschen abgefüllt.

Döschen mit einem sauberen Küchentuch abdecken: so kann das Wasser verdampfen und tropft später nicht vom Deckel in die Salbe.

Erst nach dem Erkalten mit den sauberen Deckeln verschließen und beschriften.

Der Balsam behält mindestens 2 Jahre seine Wirksamkeit. Die Haltbarkeit ist von der Sauberkeit abhängig (am besten immer mit einer sauberen Löffelspitze o. ä. entnehmen).

© Nathalie Schott

Der Gattungsname **Wegerich**

ist vor allem für den Breitwegerich zutreffend, wächst er doch hauptsächlich an und auf Wegen und auf sauerstoffarmen Böden. Spitz-, Breit- und Mittelwegerich sind die häufigsten der Gattung und in ihrer Wirkungsweise recht ähnlich. Seit alter Zeit werden sie als Heilkräuter geschätzt.

Vorkommen: In Europa; in Wiesen und Weiden, an Wegen; bis über 2000 m.

Merkmale: 10–60 cm hoch. Ausdauernd; Blätter in grundständiger Rosette angeordnet, parallelnervig; Blüten in dichten walzlichen Ähren, auf unverzweigtem Schaft (Mai–Oktober).

Was duftet hier?

Aktionsidee:	Pflanze anhand des Geruchs erkennen
Ziel:	Wahrnehmung (Geruch) fördern; erfahren, dass und warum Pflanzen riechen
Aktionscharakter:	spannendes, ruhiges Sinnesspiel
Ort:	Wiese/Wiesenstreifen an Wegränder mit duftender Pflanze oder Kräutergarten
Zeitdauer:	5–10 Minuten

Reiben Sie eine Pflanze mit markantem Geruch zwischen Ihren Händen bzw. Fingern, so dass diese den Geruch der Pflanze annehmen (hier eignet sich z. B. der Wiesenkerbel oder duftende Kräuter aus dem Garten). Die Kinder dürfen an den „bedufteten" Händen riechen und sollen nun versuchen, in der Umgebung die entsprechende Pflanze zu finden.

Hört mal her

Aktionsidee:	den Geräuschen einer Wiese lauschen
Ziel:	Wahrnehmung (Gehör) fördern, auf Wiesenlebewesen aufmerksam werden
Aktionscharakter:	ruhiges Sinnesspiel
Ort:	Wiese bei warmer Witterung
Zeitdauer:	ca. 5 Minuten
Kombination:	*ideale Einstiegsaktion zum Ökosystem Wiese*

Alle Kinder sitzen auf der Wiese mucksmäuschenstill zusammen und schließen die Augen. Für jedes neue Geräusch, das sie hören können, strecken sie einen Finger ihrer Hand. Man kann eine Minute oder – je nach Stimmung der Kinder auch länger lauschen lassen. Im Anschluss dürfen die Kinder je ein gehörtes Geräusch nachmachen und gemeinsam wird überlegt, woher dieses Geräusch kam.

Anmerkung: Einige Geräusche stammen sicher von Insekten, die auf der Wiese unterwegs sind. So werden die Kinder auf die kleinen Lebewesen der Wiese aufmerksam gemacht ...

Vogelhochzeit

Aktionsidee:	Partner am Piepsgeräusch erkennen
Ziel:	Wahrnehmung (Gehör) fördern; Partnersuche bei Vögeln verstehen
Aktionscharakter:	spannendes, ruhiges Sinnesspiel
Ort:	große offene Fläche (je nach Kinderzahl; damit es keine Zusammenstöße gibt) – am besten: niedrige Wiese
Material:	Augenbinden
Zeitdauer:	15–20 Minuten
Sonstige Voraussetzungen:	für die Kinder sollten verbundene Augen nichts Neues sein (ab etwa 4 Jahren); maximal 20 Kinder; passend im Frühling
Kombination:	*Vogelnest* (S. 126), *Wer findet den Wurm?* (S. 116)

Je zwei Kinder bilden ein Vogelpaar. Bevor einem Kind die Augen verbunden werden, darf es sich anhören, wie das andere Kind nachher piepsen wird. Die Kinder mit den verbundenen Augen werden an einer Linie im Abstand von etwa 1,5–2 Metern aufgestellt. Die sehenden Kinder werden auf dem Spielfeld verteilt (möglichst in gerader Linie zum blinden Kind in etwa 5–8 Meter Entfernung). Dann geht es los und die sehenden Kinder fangen laut an zu piepsen, die blinden sollen nun versuchen, dem Piepsen nach ihre Partner wieder zu finden.

Anmerkung: Gerade junge Kinder lassen sich manchmal nicht so gerne die Augen verbinden – dann kann man anbieten die Augen einfach so zu schließen (leider wird dann oft gespickelt …)

Den Kindern kann man hier erzählen, dass verschiedene Vögel auch verschieden singen. Eine Amsel piepst ganz anders als ein Rotkehlchen oder eine Meise. Damit sich auch in der Natur die zwei richtigen finden!

Vogelnest

Aktionsidee:	ein weiches Vogelnest bauen
Ziel:	weiche Materialien erkennen
Aktionscharakter:	praktisch
Ort:	draußen
Material:	pro Kind ein leerer Margarinebecher, kleines Körbchen o.ä.
Zeitdauer:	10–20 Minuten
Kombination:	*Vogelhochzeit* (S. 125), *Wer findet den Wurm?* (S. 116)

Jedes Kind (oder auch Kinderpaar) bekommt einen kleinen Behälter. Die Kinder werden gefragt, wie ein Vogelnest gebaut wird. Warum sollte es ein wenig weich innen sein? Damit die Eier gut liegen! Nun soll jedes Kind im Behälter ein kuschelig weiches Nest herstellen, indem es weiche Naturmaterialien sucht und damit das Nest polstert.

Tierspuren

Aktionsidee:	selbst Spuren im Schnee machen
Ziel:	das Entstehen einer Fährte nachvollziehen
Aktionscharakter:	lustig kreatives Bewegungsspiel
Ort:	ebene verschneite Fläche
Zeitdauer:	10–15 Minuten
Sonstige Voraussetzungen:	„schneedichte" Kinder, eine Tierspur im Schnee
Kombination:	*Tierbehausungen* (S. 63), *Pirsch* (S. 62)

Nachdem die Kinder eine Tierspur im Schnee betrachten konnten – vielleicht sogar schon herausgefunden haben, von wem sie stammt, regen Sie die Kinder an, selbst eine Spur im Schnee zu machen (evtl. kommen die Kinder sogar schon selbst auf diese Idee). Die Kinder sollen versuchen, das Muster der Tierspur nachzumachen.

Später macht ein Kind eine eigene Spur vor (durch Hüpfen, Kriechen, Laufen, Krabbeln ...); die anderen Kinder versuchen, genau so eine Spur auch zu hinterlassen.

Anmerkung: Man kann auch mit den Kindern überlegen: Wie sieht wohl die Spur von einem Riesen, Zwerg, einer Fee, einem Bären, ... aus? Der Fantasie sind keine Grenzen gesetzt

Man kann auch im Vorfeld mit den Kindern darüber nachdenken, welche Tiere im Winter unterwegs sind (und welche nicht – weil sie nämlich zu wenig zum Fressen finden würden und deshalb den Winter verschlafen oder in Winterstarre sind).

Schneekunst

Aktionsidee:	mit Schnee gestalten
Ziel:	Beschaffenheit von Schnee erspüren
Aktionscharakter:	kreativ, experimentell
Ort:	im Schnee
Material:	Schnee
Zeitdauer:	10 Minuten und mehr, solange es warm genug ist
Sonstige Voraussetzungen:	„schneedicht" gekleidete Kinder

Die Kinder bauen etwas im Schnee. Der Schneemann ist das klassische Beispiel, aber vieles andere kann auch gebaut werden.

Diese Aktion kann auch mit einer Geschichte (Bilderbuch o. ä.) eingeleitet werden und die Kinder versuchen dann eine Schneelandschaft, Tiere oder Wesen aus der Geschichte zu gestalten.

Anmerkung: Gut ist es, jedes Werk der Kinder auch zu würdigen. Als Erwachsener kann man auf die Frage „Ist mein Kunstwerk schön?" auch erst einmal zurück fragen, ob die Kinder selbst mit ihrem Werk zufrieden sind. Wie wäre es mit einer Schneeausstellung? Jedes Kind hat einen Applaus für seine Mühe und Idee verdient, auch wenn nicht alles nach dem aussieht, was es darstellen soll.

Tipps zur inhaltlichen Umsetzung

Die oben genannten Aktivitäten lassen sich sehr gezielt einsetzen. An dieser Stelle sollen ein paar allgemeine Hinweise zur sinnvollen Umsetzung gegeben werden. Das Kapitel schließt mit einer exemplarischen Einheit zum Thema „Vögel".

Der inhaltliche Rahmen (Thema)

Eine Aktivität im entsprechenden inhaltlichen Kontext durchgeführt fällt auf fruchtbareren Boden und lässt die Kinder tiefer eintauchen; das Erfahren und Lernen wird effektiver.
So könnte ein Waldtag unter einem Motto stehen, das bereits im Kindergartenalltag eine Rolle gespielt hat; eine Frage der Kinder oder eine Beobachtung (z. B. der Vogel, der durch das Fenster beobachtet wurde; die welken Blätter im Herbst ...) kann aufgegriffen und vertieft werden.
Auch eine Geschichte oder ein Bilderbuch kann einen Aufenthalt in der Natur um-rahmen; Geschichten eignen sich gut als Hintergrund für einzelne Aktivitäten: Für ein Kind ist es leichter, sich auf ein Mäusespiel einzulassen, wenn es schon zuvor etwas über Mäuse erfahren hat, der äußere Rahmen (z. B. eine selbst gebaute Maushöhle) die Mausewelt suggeriert oder wenn die Kinder von einer bekannten (Bilderbuch-)figur wie der „Maus Frederick" begleitet werden; auch eine Reihe von inhaltlich aufeinander abgestimmten Aktivitäten gestattet den Kindern eine leichtere Identifikation mit der Spielsituation.
Idealerweise wird bei einem neuen Thema eine Brücke zu bereits Vertrautem und Bekanntem geschlagen: auf Bäume, die direkt vor dem Kindergarten stehen, auf Tiere, denen die Kinder auch im Alltag begegnen (z. B. Regenwürmer, Marienkäfer, ...), auf ein soeben beobachtetes Spinnennetz o. ä. kann eingegangen werden. Diese Vorgehensweise ist sinnvoll, da hier bereits eine erste Beziehung von Seiten der Kinder besteht, auf der aufgebaut werden kann.
Verständlicherweise fühlt man sich als Erzieherin nicht bei jedem Thema hinlänglich informiert, um dies auch weiter zu vermitteln. Hier sei dar-

auf hingewiesen, dass man nicht alle Fragen beantworten können muss und dass man sich durchaus gemeinsam mit den Kindern auf die Suche nach Informationen machen darf. Dies ist für die Kinder auch sehr lehrreich, da sie erfahren, wo sie Antworten finden können. Ein biologisches Fachbuch ist nicht zwangsläufig der geeignete Ort, um für Laien verständliche naturkundliche Informationen zu finden. Sehr gut sind Kinder- und Jugendbücher zu entsprechenden Themen, die sachliche Informationen in leicht verständlicher Sprache wiedergeben. In solchen Büchern können Kinder durch Bilder z. T. auch selbstständig Zusammenhänge erkennen. Bestimmungsbücher können helfen, den naturwissenschaftlichen Pflanzen- oder Tiernamen für eine Entdeckung zu finden. Letztendlich ist es aber im Kindergartenalter noch gar nicht entscheidend für alles den richtigen Namen zu kennen. Entscheidend ist, dass die Kinder die Fähigkeit beibehalten (diese Fähigkeit ist im Kindergartenalter nämlich oft schon vorhanden), genau zu beobachten, Besonderheiten und Unterschiede in der Erscheinung eines Tieres oder einer Pflanze zu erkennen. Die Aufforderung an die Kinder, einen passenden Namen für die Tiere zu erfinden, lädt sie zu genauem Hinsehen ein und einen „sechsbeinigen Grünglitzerkäfer" werden sie auch später von anderen Käfern optisch unterscheiden können.

Ausgewählte Einzelheiten innerhalb eines vorgegebenen Themas lassen sich zu einem Ganzen zusammenfügen; so werden Zusammenhänge für die Kinder leichter verständlich und ein Ökosystem erschließt sich den Kindern.

Jahreszeiten

Die Natur ist von den Jahreszeiten geprägt und verändert sich entsprechend der Jahreszeiten. Jede Jahreszeit hat ihre eigenen Qualitäten: Der Frühling bringt das erste Grün, die Vögel beginnen zu brüten; der Sommer sorgt für eine Fülle von blühenden Pflanzen und warme Temperaturen; im Herbst fallen die Blätter von den Bäumen und im Winter sorgen kalte Temperaturen für Schnee und Eis und eingeschränkte Aktivität der Pflanzen und Tiere. Kinder sollten im Kindergartenalter die Besonderheiten der

Jahreszeiten und deren Abfolge nicht nur theoretisch kennen lernen, sondern dies direkt in der Natur erleben und beobachten. Erst ein Kind, das die Jahreszeiten bewusst erfahren hat, kann für die Jahreszeiten untypische Vorkommnisse als solche erkennen. So wird die Grundvoraussetzung geschaffen, um den Klimawandel zu verstehen.

Es bietet sich an, die Aktionen passend zu den Jahreszeiten einzusetzen und das Erleben jeder Jahreszeit möglich zu machen.

Jahreszeitliche Veränderungen werden besonders deutlich, wenn derselbe Ort regelmäßig aufgesucht, ein Augenmerk darauf gelenkt wird und evtl. die Veränderungen sogar dokumentiert werden (siehe auch „Naturtagebücher").

Welche Aktivität wann?

Die Natur stellt für sich genommen bereits ein breites Angebot an Spielmöglichkeiten zur Verfügung. Kinder, die dieses Angebot selbstständig zu nutzen wissen, sollte man nicht zur Teilnahme an Aktivitäten zwingen, denn das freie kreative Spiel in der „anderen" Umgebung ist von unschätzbarem Wert: die Natur und ihre Qualitäten werden „nebenbei" erfahren; „fehlende" Spielmaterialien werden kreativ durch Naturmaterialien von den Kindern ersetzt. Die taktile Erfahrung der vielfältigen Materialien fördert die Feinmotorik und die Entwicklung des Gehirns. Das Spiel im Wald schult allein durch den vielfältigen anspruchsvollen Untergrund die Motorik.

Manche Kinder wissen – insbesondere bei fehlender Spielerfahrung in der Natur – wenig mit sich und der Umgebung anzufangen, andere lassen sich kaum dazu bewegen, das selbstständige Spiel im Freien zu unterbrechen. Ein Spiel kann aus unterschiedlichen Gründen angeboten werden: es kann der Langeweile einzelner Kinder entgegen wirken oder ein ergänzendes lockendes Angebot zum Freispiel sein.

Insbesondere für Kindergartenkinder in der Natur gilt: Weniger ist mehr. Viele der beschriebenen Angebote können in verhältnismäßig kurzer Zeit durchgeführt oder auch ausgedehnt werden. Das Angebot kann als kurzer Impuls dienen. Ein Zeitpuffer nach dem Spiel bietet den Kindern die Möglichkeit, mit eigenen Ideen das Spiel fort zu führen oder weiterzuentwickeln. Die Aktionen sollten eher vereinzelt eingesetzt werden. Bei den älteren Vorschulkindern kann auch mal ein kleines Programm mit mehreren Programmpunkten zusammengestellt werden.

Der Aktionscharakter der vorgestellten Aktivitäten ist in der jeweils vorangehenden Übersicht kurz beschrieben. Aktivitäten, die inhaltlich aufeinander aufbauen, sollten in der entsprechenden Reihenfolge eingesetzt werden. Ein zeitlicher Zwischenraum von mehreren Tagen zwischen solchen Aktivitäten kann je nach Aufnahmefähigkeit der Kinder durchaus sinnvoll sein.

Insgesamt können Sie sich – wie im Kindergartenalltag auch – an der Stimmung der Kinder orientieren, ob eher ein lebhaftes Spiel zur Motivation und Aktivierung sinnvoll ist, oder ob eine ruhigere Aktivität für Konzentration sorgen soll.

Das Flow-Learning-Modell des Amerikaners Joseph Cornell, der als einer der ersten „Naturlehrer" gilt, bietet eine gute Orientierung bei der Durchführung naturpädagogischer Einheiten (vgl. Cornell 1999):

Eine naturpädagogische Veranstaltung, die Cornells vier Schritte zu Grunde legt, ermöglicht die Entwicklung von Empathie gegenüber der Natur. Wer sich für die Arbeit und das Lernen mit Kindergartenkindern an diesem Modell orientiert, wird den Kindern viel vermitteln können, denn Empathie ist eine ideale Voraussetzung für gelingende Lernprozesse.

Cornell spricht von folgenden Schritten:

1. „Begeisterung wecken": Hier eignen sich für die Kindergartenkinder meist etwas lebhaftere Spiele (z. B. Fangspiel) oder entsprechende Impulse (z. B. ein Ratespiel). Der richtige Start schafft bei den Kindern Aufmerksamkeit und bereitet sie vor für die weiteren Schritte.
2. „Konzentriertes Wahrnehmen": Dies kann durch ruhigere Aktivitäten geschehen, durch Sinneserfahrungen, aber auch durch die Vermittlung spannender Tatsachen. Die Aufnahmefähigkeit der Kinder wird hierdurch erhöht. Dies funktioniert besonders gut durch die Einschränkung der Wahrnehmung auf einen Sinn (durch Ausschalten eines Sinnes z. B. des Sehsinns – verbundene Augen).

3. „Unmittelbare Erfahrung": Hier sollen die Kinder die Möglichkeit zum direkten Kontakt mit der Natur bekommen und eigene Erfahrungen/Entdeckungen machen können.
4. „Teilhaben lassen": Cornell meint hiermit ein gegenseitiges Mitteilen der eigenen Gefühle, Erfahrungen oder aber auch das Erzählen von Naturerlebnissen und den damit verbundenen Gefühlen anderer Menschen. Es ist wichtig, den Kindern Raum zu geben, um ihre Erfahrungen und Empfindungen einander mitzuteilen bevor ein Naturtag o. ä. abgeschlossen ist.

Näheres zum Flow-Learning-Modell findet sich im Buch „Mit Freude die Natur erleben" von Joseph Cornell (Cornell 1999). Es lohnt, sich Gedanken zu machen, welcher Phase sich eine Aktivität zuordnen lässt. Die Reihenfolge der Aktivitäten kann leichter gewählt werden. Dieses Vier-Phasen-Modell lässt sich sowohl innerhalb eines kurzen Naturaufenthaltes als auch bei längeren Projekten anwenden.

Der Ort

Bei der Auswahl des geeigneten Ortes ist zu beachten, dass es insbesondere in der Anfangsphase der Naturkontakte nicht auf die Vielzahl von Orten ankommt. Die Kinder suchen das Vertraute und fühlen sich besonders wohl, wenn sie Dinge wieder erkennen und einen Platz bis ins Detail erforschen können. So entsteht ein tiefer Bezug zu einem Ort in der Natur, auf dem später die Beziehung zur Natur als Ganzes aufbaut. Insbesondere für Kinder im Kindergartenalter sind Beziehungen (nicht nur zu Menschen) wichtige Grundlagen für ein erfolgreiches Lernen.

Naturtagebuch

Wer regelmäßig mit den Kindern nach draußen geht, kann ein Naturtagebuch anlegen. Hier kann Verschiedenes von den Kindern festgehalten werden. Gemalte Bilder, gesammelte Blätter, einzelne Fotografien u. ä. dokumentieren die Aufenthalte, das Erlebte und entdeckte Schätze der Natur. Das Tagebuch kann auch in Form von Schuhkartons geführt werden: Nach jedem Waldtag wird das Innere eines Kartons mit Mitgebrachtem gestaltet; so ist eine dreidimensionale Gestaltung realisierbar, in der dickere Gegenstände wie Eicheln und ähnliches Platz finden. Naturtagebücher können Dokumentationen zu einzelnen Kindern ideal ergänzen.

Beispieleinheit zum Thema Vögel

Das Thema „Vögel" ist ein ideales Frühlingsthema, da man in den noch kahlen Bäumen häufig den Nestbau beobachten kann und die Vogelstimmen in dieser Jahreszeit aufgrund der Partnersuche besonders zahlreich und lautstark sind.

Die Aktivitäten *Vogelhochzeit, Vogelnest bauen, Wer findet den Wurm?* lassen sich gut verbinden und machen den Kindern das Leben der Vögel ein wenig transparent:

Zur Einstimmung in das Programm dürfen die Kinder Gegenstände mit vorgegebener Eigenschaft suchen: *Wer findet etwas …* Evtl. können Sie anschließend je zwei Kinder mit jeweils gleichem Gegenstand einander als Vogelpaar zuordnen. Mit diesen Vogelpaaren kann nun die *Vogelhochzeit* gespielt werden. Als Abschluss an dieses Spiel passt das alte Kinderlied zur „Vogelhochzeit".

Im Anschluss oder auch beim nächsten Naturtag können von den Vogelpaaren Nester „gebaut" werden, siehe *Vogelnest bauen*. Die fertigen Nester können direkt oder am nächsten Naturtag beim Spiel *Wer findet den Wurm?* eingesetzt werden, in dem das Füttern der hungrigen Schnäbel nachempfunden wird.

Als Abschluss der Vogeleinheit kann im Kindergarten mit Federn (z. B. ein Mobile) gebastelt werden.

Übersichten zu den Aktivitäten in der Natur

Aktivitäten nach Lebensräumen
(W = Winteraktivität), (G = Geschichte)

Wald/Baum

Blätterlotto	38
Wer findet etwas Weiches?	39
Ich sehe ein Blatt, das du nicht siehst	40
Zauberwald	41
Wichtelwohnung bauen (G)	42
Schatzsuche	44
Blätterchaos	45
Unser Baum	46
Knospengeheimnis (W)	48
Knospentheater (W)	49
Baumtasten	50
Baumtelefon	51
Wie kommt das Wasser in die Tüte?	52
Naturmemory	53
Naturdomino	54
Eichhörnchenspiel (W/G)	55
Jahreszeitenspiel (W)	58
Winterfangen (W)	59
Eichel pflanzen (W)	60
Vom Samen zum Baum (W)	61
Pirsch (W)	62
Tierbehausungen	63
Rindenabdruck	64
Feuersuppe (W)	66
Gebackene Esskastanien	67
Holundersirup	68
Holundermarmelade	69
Der Baum in den Jahreszeiten	70
Geheimnisvolle Hecke	71

Boden

Bodenrahmen	74
Tausendbarfüßler	75
Erdfarben	76
Kneten	77
Bodenseilgang	78
Bodenkunstwerk	79
Tasttasche	80
Steinrhythmen	81
Blätterabbau – Bodenentstehung	81
Leben im Boden	83

Wasser/Bach

Regensteine	87
Wasserkreislauf	88
Alles im Fluss	89

Übersichten zu den Aktivitäten in der Natur

Runde Steine – eckige Steine	91	Grün, grün, grün … (G)	109
Lieblingsstein	92	Gras ist nicht gleich Gras	112
Bachtiere	93	Farbtopf	113
Pfützentour	95	Was krabbelt da?	114
Pfützenleben	96	Blüten- und Blätter-Rennen	115
Wasser, schüttel' dich	97	Wer findet den Wurm?	116
Steintürme	98	„Ich kenne ein Tier, das	
Wasservielfalt	99	wohnt in der Wiese und …"	117
Wasserwunsch	100	Wiesenmemory	118
Wasserrad	101	Wiesenwechsel	119
Schneeflöckchen (W)	102	Bienchen	120
Warmer Stein (W)	103	Wegerichbalsam	121
Wasser frieren (W)	104	Was duftet hier?	124
		Hör mal her	124
		Vogelhochzeit	125
Wiese		Vogelnest	126
		Tierspuren (W)	127
Frühlingssuppe	107	Schneekunst (W)	128
Käferperspektive	108		

Aktivitäten alphabetisch

Alles im Fluss	89	Bodenkunstwerk	79
Bachtiere	93	Bodenrahmen	74
Baumtasten	50	Bodenseilgang	78
Baumtelefon	51	Der Baum in den	
Bienchen	120	Jahreszeiten	70
Blätterabbau –		Eichel pflanzen (W)	60
Bodenentstehung	81	Eichhörnchenspiel (W/G)	55
Blätterchaos	45	Erdfarben	76
Blätterlotto	38	Farbtopf	113
Blüten- und Blätter-Rennen	115	Feuersuppe (W)	66

Frühlingssuppe	107	Steinrhythmen	81
Gebackene Esskastanien	67	Steintürme	98
Geheimnisvolle Hecke	71	Tasttasche	80
Gras ist nicht gleich Gras	112	Tausendbarfüßler	75
Grün, grün, grün … (G)	109	Tierbehausungen	63
Holundermarmelade	69	Tierspuren (W)	127
Holundersirup	68	Unser Baum	46
Hör mal her	124	Vogelhochzeit	125
Ich kenne ein Tier, das wohnt in der Wiese und …	117	Vogelnest	126
		Vom Samen zum Baum (W)	61
Ich sehe ein Blatt, das du nicht siehst	40	Warmer Stein (W)	103
		Was duftet hier?	24
Jahreszeitenspiel (W)	58	Was krabbelt da?	114
Käferperspektive	108	Wasser frieren (W)	104
Kneten	77	Wasser, schüttel' dich	97
Knospengeheimnis (W)	48	Wasserkreislauf	88
Knospentheater (W)	49	Wasserrad	101
Leben im Boden	83	Wasservielfalt	99
Lieblingsstein	92	Wasserwunsch	100
Naturdomino	54	Wegerichbalsam	121
Naturmemory	53	Wer findet den Wurm?	116
Pfützenleben	96	Wer findet etwas Weiches?	39
Pfützentour	95	Wichtelwohnung bauen (G)	42
Pirsch (W)	62	Wie kommt das Wasser in die Tüte?	52
Regensteine	87		
Rindenabdruck	64	Wiesenmemory	118
Runde Steine – eckige Steine	91	Wiesenwechsel	119
Schatzsuche	44	Winterfangen (W)	59
Schneeflöckchen (W)	102	Zauberwald	41
Schneekunst (W)	128		

AKTIVITÄTEN ALPHABETISCH

Blätter, Gräser, Tierspuren

Im Folgenden finden Sie drei Übersichten zu häufig vorkommenden und gut erkennbaren Blättern, Gräsern bzw. Tierspuren.

Blätter

| Eiche | Erle | Ahorn | Birke |

| Pappel | Buche | Linde | Esche |

Gräser

Wiesenfuchsschwanz	Rotes Straußgras	Wiesenrispengras
Honiggras	Englisches Raygras	Knäuelgras

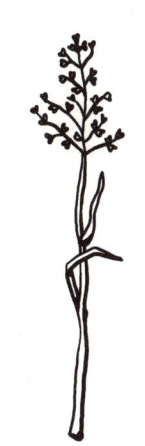

Tierspuren

Wildschwein

Rothirsch

Reh

Dachs

Hase

Fuchs

Katze

Eichhörnchen

Maus

TIERSPUREN

Literatur

Bildungspläne

- Baden-Württemberg Ministerium für Kultus und Sport (2006): Orientierungsplan für Bildung und Erziehung für die baden-württembergischen Kindergärten Pilotphase Beltz Verlag, Weinheim und Basel
- Bayerisches Staatsministerium für Arbeit und Sozialordnung, Familie und Frauen (2006): Der bayerische Bildungs- und Erziehungsplan für Kinder in Tageseinrichtungen bis zur Einschulung, Beltz Verlag, Weinheim und Basel
- Senatsverwaltung für Bildung, Jugend und Sport Berlin (2004): Berliner Bildungsprogramm für die Bildung, Erziehung und Betreuung von Kindern in Tageseinrichtungen bis zu ihrem Schuleintritt, verlag das netz, Berlin
- Ministerium für Bildung, Jugend und Sport des Landes Brandenburg (2004): Grundsätze elementarer Bildung in Einrichtungen der Kindertagesbetreuung im Land Brandenburg, Potsdam
- Freie Hansestadt Bremen Der Senator für Arbeit, Frauen, Gesundheit, Jugend und Soziales (2004): Rahmenplan für Bildung und Erziehung im Elementarbereich, Bremen
- Freie und Hansestadt Hamburg (2005): Hamburger Bildungsempfehlungen für die Bildung und Erziehung von Kindern in Tageseinrichtungen, Hamburg
- Hessisches Sozialministerium und Hessisches Kultusministerium (2005): Bildung von Anfang an – Bildungs- und Erziehungsplan für Kinder von 0 bis 10 Jahren in Hessen, Entwurf für die Erprobungsphase, Wiesbaden
- Sozialministerium Mecklenburg-Vorpommern (2005): Rahmenplan für die zielgerichtete Vorbereitung von Kindern in Kindertageseinrichtungen auf die Schule, Schwerin
- Niedersächsisches Kultusministerium (2005): Orientierungsplan für Bildung und Erziehung im Elementarbereich niedersächsischer Tageseinrichtungen für Kinder, Hannover

- Ministerium für Schule, Jugend und Kinder des Landes Nordrhein-Westfalen (2003): Bildungsvereinbarung NRW- Fundament stärken und erfolgreich starten, Düsseldorf
- Ministerium für Bildung, Frauen und Jugend, Referat „Kindertagestätten" (2004): Bildungs- und Erziehungsempfehlungen für Kindertagesstätten in Rheinland-Pfalz, Mainz
- Ministerium für Bildung, Kultur und Wissenschaft Saarland (2006): Bildungsprogramm für saarländische Kindergärten, verlag das netz, Weimar und Berlin
- Ministerium für Bildung, Kultur und Wissenschaft Saarland (2007): Handreichungen für die Praxis, verlag das netz, Weimar und Berlin
- Sächsisches Staatsministerium für Soziales (2006): Der sächsische Bildungsplan – ein Leitfaden für pädagogische Fachkräfte in Kinderkrippen und Kindergärten, verlag das netz, Weimar und Berlin
- Projektgruppe bildung elementar (2004): Entwurf Bildung als Programm für Kindertageseinrichtungen in Sachsen-Anhalt, Halle
- Ministerium für Bildung, Wissenschaft, Forschung und Kultur des Landes Schleswig-Holstein (2004): Erfolgreich starten – Leitlinien zum Bildungsauftrag von Kindertageseinrichtungen, Kiel
- Thüringer Kultusministerium (2004): Leitlinien frühkindlicher Bildung, verlag das netz, Weimar und Berlin

Bücher & Medien

- Aichele, Dietmar & Schwegler, Heinz-Werner (1998): Unsere Gräser. Süßgräser, Sauergräser, Binsen*, Franckh Kosmos, Stuttgart
- Cornell, Joseph (1999): Mit Freude die Natur erleben, Verlag an der Ruhr, Mülheim
- Dittmann, Jürgen & Köster, Heinrich (2000): Die Becherlupenkartei: Tiere in Tümpeln, Seen und Bächen*, Verlag an der Ruhr, Mülheim
- Dittmann, Jürgen & Köster, Heinrich (2004): Die Becherlupenkartei: Tiere in Kompost, Boden und morschen Bäumen*, Verlag an der Ruhr, Mülheim
- Elschenbroich, Donata (2005): Weltwunder – Kinder als Naturforscher, München

Literatur

- Engelhardt, Wolfgang (1996): Was lebt in Tümpel, Bach und Weiher*, Franckh Kosmos, Stuttgart
- Kuhn, Karl & Probst, Wilfried & Schilke, Karl (1986): Biologie im Freien, Metzler Stuttgart (S. 68–72)
- Minke, Gernot (2001): Lehmbau-Handbuch. Ökobuch-Verlag, Staufen
- Wawra, Johannes und Ursula (2006): Natur erleben durch das Jahr Kalender 1–3, Natur-Verlag, Aachen.
- Xylander, Prof. Dr. Willi (o.J.): Bestimmungsschlüssel für die häufigsten wirbellosen Tiere in Fließgewässern*, Verlag Stephanie Naglschmidt, Stuttgart.

* *Bestimmung von Tieren, Pflanzen:*
Die Auswahl an Bestimmungsbüchern ist riesengroß. Für den Kindergarten sollte das Buch reich bebildert (Zeichnungen oder Fotos) sein, damit die Kinder das „Naturobjekt" mit dem Bild vergleichen können. Für eine genaue Bestimmung ist auch eine gut verständliche Beschreibung der Pflanze oder des Tieres wichtig. So ist die Auswahl des geeigneten Bestimmungsbuches sehr subjektiv, da jede Person unterschiedlich mit der jeweiligen Systematik eines Bestimmungsbuches zu Recht kommt.